大数据时代大学英语课堂生态的失衡与调适

邓焕霞 ◎著

中国出版集团 现代出版社

图书在版编目（CIP）数据

大数据时代大学英语课堂生态的失衡与调适/ 邓焕
霞著. -- 北京 ：现代出版社，2022.4
　ISBN 978-7-5143-9886-1

　Ⅰ．①大… Ⅱ．①邓… Ⅲ．①英语－课堂教学－教学
研究－高等学校 Ⅳ．①H319.3

中国版本图书馆CIP数据核字(2022)第055585号

大数据时代大学英语课堂生态的失衡与调适

作　　者	邓焕霞
责任编辑	裴　郁
出版发行	现代出版社
地　　址	北京市朝阳区安外安华里504 号
邮　　编	100011
电　　话	010-64267325　64245264(传真)
网　　址	www.1980xd.com
电子邮箱	xiandai@vip.sina.com
印　　刷	北京四海锦诚印刷技术有限公司
版　　次	2023 年 5 月第 1 版 2023 年 5 月第 1 次印刷
开　　本	185 mm×260 mm　1/16
印　　张	8.25
字　　数	179 千字
书　　号	ISBN 978-7-5143-9886-1
定　　价	58.00 元

序 言

英语课程教学理论改革要求英语传授的模式要实现以学生为中心，推动学生自主学习英语模式的构建。大数据信息技术的产生与发展使英语课堂教学模式发生了较大的改变，英语教学从传统的教师为中心转变为以学生为中心。英语课堂生态是英语课堂上教师、学生以及课堂环境三者之间相互影响、作用而形成的有机生态系统，作为一种人为的生态构建，我国传统的英语课堂生态环境过多关注教学任务、教师，而忽视学生的个体需求与英语的语言实践，导致课堂生态中的教、学关系出现失衡。在大数据时代，借助互联网的海量信息，将学生个体化的需求、学校整体学生的英语水平进行全面把握，有助于英语课堂教学满足学生的不同水平，并符合社会需求，调节英语课堂教学生态中供与求生态链，促进英语课堂生态体系的有序运转。

教育信息化是时代发展的必然，是我国信息化发展的战略重点之一，也是教育现代化的必经之路。以互联网大数据为代表的信息技术飞速发展，不断改变着人们的生活、工作和思维方式，同时也改变着教学。特别是近十年来的大学英语教学，已经和现代大数据信息技术紧密联结。基于计算机网络和课堂的大学英语教学模式在全国范围内广泛推广，促使大学英语教学水平整体跃升。然而，在现代信息技术逐渐从辅助教学走向引领教学的过程中，大学英语课堂教学也出现了一些亟待解决的问题。

本研究采用跨学科的研究视角，运用生态学和系统科学的相关理论，按照发现问题、描述问题、分析问题和解决问题的基本思路，对大数据时代语境下的大学英语课堂生态进行了系统分析和深度探究，最终提出了调适大学英语课堂生态失衡问题的方略和举措。具体地说，就是将大学英语课堂视为一个微观教育生态系统予以研究，重点回答了四个问题：大学英语课堂生态具有怎样的结构、功能和特征？大数据时代语境下的大学英语课堂生态存在哪些失衡现象？大学英语课堂生态的失衡与大数据信息技术的使用有何关联？如何在大数据语境下调适大学英语课堂生态？这四个问题属于渐进式问题，关于前一问题的研究构成了后续问题研究的基础。本书的主要观点如下：

大学英语课堂具有生态系统的基本属性，其基本结构可以简化为"人＋课堂生态环境"。"人"包括构成课堂生态主体的教师和学生，"课堂生态环境"包括课前生成的环境（教室的物理环境、师生背景、教学媒介等）、课中生成的环境（师生关系、生生关系、师生情感态度等）和课后生成的环境（班风学风、课堂规章制度等）。课堂生态主体和课堂生态环境之间相互作用，相互影响，共同决定着课堂生态系统的运行状态。

从营养结构来看，教师主要是生态系统里的生产者，将来自系统外部或自身创造的信息（即知识），通过课堂环境传授给作为消费者的学生，学生同时作为分解者消化吸收这些信息（知识），再通过课堂环境给老师一定的反馈，实现着生态系统中信息和智能的流动。需要注意的是，教师和学生虽为生态主体，但也可能成为影响学习者的环境因子。教师、学生、课堂环境之间产生着复杂的交互作用，帮助系统发挥着优化结构、谐调关系、促进演化和生态育人等功能。

现代信息技术强力介入大学英语课堂教学以后，长期处于平稳运行状态的大学英语课堂生态受到了极大的扰动，出现了课堂生态结构上的失衡和功能上的失调。结构上的失衡主要体现在系统组分构成比重的失调、系统组分之间交互关系的失谐和系统内部营养结构的失衡，其中构成比重的失调主要体现为信息技术应用的增多，交互关系的失谐主要表现为生态主体之间的失谐以及教师、学生、教学模式、教材、教室布局、教学内容、教学评估、教学管理等方面与信息技术之间的失谐，营养结构的失衡表现为大学英语教师缺乏专业发展的机会以及学生缺乏足够的自主学习能力和自我建构知识的能力。功能上的失调包括课堂生态系统结构优化功能衰减、关系调谐功能减弱、演化促进功能退化和生态育人功能降低，生态系统的整体功能难以发挥。

大学英语课堂生态的失衡和信息技术的应用紧密相关。在信息技术由原先的系统外部环境变为系统内部因子甚至主导因子的过程中，原本相对平衡的课堂生态被迅速带离到远离平衡态的非线性区域，系统进入较严重的失衡状态。在此状态下，信息技术并没有如预想的那般强劲地带动系统内部其他因子同步协变而形成合力，各生态因子的联动效应不够，未能较快地帮助系统完成阶段性演化，重新形成生产力大大增强的新的动态平衡结构。在系统失衡的状态下，系统内部各种交互关系出现失谐，课堂生态内部各种矛盾凸现。这些问题汇聚到一起，产生了整体效应，引起了各级教育主管部门的关注，外语教育界开始对大学英语教学目标、教学内容、信息技术的作用、网络自主学习的效果等进行集中反思，导致教改进入一个力度减弱、发展变缓的高原期和迷惘期，课堂生态被带回到线性区域，但仍处于非平衡态。如何重构课堂生态的平衡以提高课堂教学成效，成了摆在广大外语教育工作者面前亟待解决的问题。

大数据运用于外语教学的巨大优势以及信息技术使用的不可逆性，决定了大学英语课堂生态的调适必须坚持以大数据信息化为语境，以科学合理地整合信息技术与外语教学为基本策略，这是重构大学英语课堂生态的前提条件。本研究认为，重构大学英语课堂生态必须坚持生态性、系统性、人本性和有效性原则，通过发挥信息技术作为主导因子的引领作用、控制课堂生态中的限制因子、调整课堂生态因子的生态位、引导系统各组分同步协变、规避课堂环境构建中的花盆效应、重塑互动对话的生态课堂交往、恢复信息化课堂的生态功能、保持课堂生态的活水效应等方法，优化课堂生态结构和功能，促进课堂生态的修复。在实践层面，外语教学工作者尤其要注重创新大学英语教学观念，建立分级分类培养体系和分层分类课程体系，构建多元互动课堂环境，提高师生信息技术素养，提供立体化教学资源，采用因境而变的教学方法，调整师生课堂角色，发展平等和谐的师生关系，构建多元多向评价体系，最终创建和谐高效、师生共生的生态课堂。

本书拓展了课堂研究的理论空间，开阔了课堂教学问题的研究思路，同时在跨学科理论运用方面进一步推进了教育生态学的发展，具有较好的理论和实践意义，同时在研究视角、研究对象、理论基础和问题解决方案等方面具有一定的创新性。然而，正所谓研前不知深浅，研后方知短长，本书在研究方法、理论运用和研究内容上还存在一些局限，需要在以后的研究中予以克服。

目　录

第一章 导论

第一节 研究背景

人类社会自步入 21 世纪以来，以计算机、多媒体、通讯网络等技术为标志的信息技术在世界范围内迅猛发展，特别是互联网技术的广泛应用，正在推动着全球经济社会的深层变革，改变着人们的生存、生活、学习和发展方式。教育的信息化也正在成为当今世界各个国家和地区经济社会信息化的最重要领域之一。传统的教学模式，即教师仅仅依靠一本教材、一支粉笔、一块黑板打天下的单一的教学模式显得越来越陈旧。在这样的课堂里，老师成为教学的中心，学生只能被动接受，而很少能够真正参与到教学活动中。学生的学习兴趣和主观能动性也因此受到压抑，教学效果无法保证。随着计算机多媒体技术以及互联网的日渐成熟，现代的教学手段在英语教学课堂上得到越来越广泛的运用。

伴随现代信息技术的高速发展和网络技术的普及，大学英语教学模式发生了翻天覆地的变化。如何在现有的资源条件下，充分利用网络资源的高效性、交互性、多样性、丰富性为大学英语阅读教学提供新的有效支持，已经成为众多教育学者们广泛关注的热点问题。现代信息技术在教育教学中的广泛应用改变了人们的生活方式和生产方式、学习思维和学习方式。网络作为各种思想文化传播的主体，为人们了解各类信息提供了更为便捷的渠道，大量的信息通过网络的形式渗透到社会的不同角落和层次中，成为文化传播的重要方式和手段。同时，信息技术的发展也为教学思想的转变带来了全新的变革。由于信息技术教育的模式与途径具有多样性的特征，目前很多中学课堂教学模式中都借助该种形式，并且在家庭教育模式、课外活动模式、远程协作学习模式的帮助下提升了大学教学效果。

近年来，随着全球经济一体化进程的加快，英语已经成为全球各国人们相互沟通与交流的重要语言工具。英语阅读又是人们获取信息、进行交流的重要途径与方式，在这些条件的影响下，大学英语教学的重要性逐渐凸显。而作为教学改革的前沿阵地，大学英语教学在这一改革领域成为先行者，并且在实践中取得了积极的效果。在大学英语课堂教学中，计算机多媒体辅助教学手段所起的作用是许多传统的教学媒体不可替代的。通过运用多媒体，使学生能够直观地感受到教学内容，使英语教学形象生动，有声有色，加深学生对知识点的理解，同时，还能使课堂活动生动、有序地展开，丰富教学模式，活跃课堂气氛，从而进一步培养学生的积极性，增强学生学习英语的兴趣。此外，还能拓宽学生视野，培养学生多方面的能力。总之，多媒体辅助教学改变了以前传统的大学英语教学模式，启发学生进行创造性思维，提升了学生语言灵活运用的能力，学生综合应用英语的能力得以大幅度的提高。但是，教学手段的先进并不等同于教育理念的先进。因此，如何才能有效地使用现代信息技术教学手段，确保大学英语课堂教学的有效性，就成了我们迫切需要解决的问题。

大数据时代改变信息传播与获取的方式，同时对教育的理念与形式产生影响。英语课堂立足于大数据时代，分析大数据时代给英语教育模式带来的冲击，从教育生态的视角分析当前英语课堂生态失衡的主要表现，提出大数据时代英语课堂生态教学的调适。这就要求大数据时代英语课堂生态教学必须加强信息技术与英语教学的整合，运用大数据优化英语课堂教学内容与教学环境，优化师生生态位，建立主体交互的英语课堂生态，构建动态英语课堂教学评价体系等，从而推动英语课堂生态的建设与发展，提升英语课堂教学的质量。

第二节　选题意义

一、理论意义

本研究的理论意义主要体现在以下几个方面：

（1）将课堂视为生态系统进行研究，拓展了课堂研究的理论空间。传统的课堂研究一般运用外语教学理论和二语习得理论，即便对课堂环境进行考察，也基本局限于环境与教学效果的相关性分析。对课堂进行生态系统的身份认证，然后运用系统分析的方法予以考察，开辟了课堂研究的新视角。

（2）对课堂要素的生态学考察，增强了对要素之间的关系研究。以往在讨论课堂教学和分析课堂教学中出现的问题时，大多孤立地考察教师、学生、教材等课堂要素，很少关注这些要素之间的关联。本书将课堂作为生态系统进行考察时，不仅分析系统中的各个因子，而且关注这些因子之间相互影响、相互依存的关系，体现了系统分析的整体观。

（3）将生态学理论和系统科学理论进一步结合，突显了生态学研究的跨学科性，进一步丰富了教育生态学的内涵。教育生态学是一门新兴的交叉学科，其理论体系和研究方法需要进一步地完善，运用系统科学的相关理论研究教育生态，是对教育生态学的进一步推进。

二、实践意义

本书的实用价值主要体现在以下几个方面：

（1）有助于系统反思大数据语境下大学英语课堂教学所出现的问题。毫无疑问，大学英语信息化教学改革对外语教学的发展产生了很多积极的影响。其间，很多硬件设施和软件设施，很多教学管理措施，都是从无到有新建起来的，广大教师和管理工作者投入了大量的时间和精力，似乎无暇认真审视粗放式发展过程中所衍生的问题。本书在分析研究背景时认真总结了信息化所伴生的问题，并从课堂生态失衡的角度考察这些问题，有助于广大教师对这些问题进行集中反思。

（2）有助于建立和谐高效的外语课堂。本研究通过对大数据时代大学英语课堂中出现的问题进行反思和分析，寻求解决这些问题的策略。一旦课堂教学的失衡问题得以解决，必将有助于重构生态外语课堂，提高外语课堂教学的有效性。

（3）有助于教育信息化的可持续发展。教育信息化建设是教育发展重点工程之一，教育信息化是教育现代化的必经之路。基于大数据背景的大学英语教学改革，作为教育信息化建设的排头兵，如果能解决好前进中的问题，必将起到良好的示范效应，促进教育信息化的可持续发展，并对国家的教育现代化起到一定的推动作用。

（4）大数据网络环境下的课堂教学评价更具有全面性。目前，大部分高校学生的英语基础参差不齐，有的学生并未养成良好的英语学习习惯。网络环境下英语课堂教学多维评价应遵循学生的实际情况，站在一切为了学生发展的角度，在正确、科学的教育教学理论指导下，在课堂实践中不断探索实施评价主体多元化的多维评价方式，在全面了解并掌握学生学习过程的基础上，促进学生的全面发展。多维评价不仅关注学生的学习成绩，更关注对学生学习过程的评价，通过多维评价和策略从中发现学生的潜能，从而激发学生的积极性；通过多维评价的方式能够帮助学生建立较强的自尊心和自信心，能够帮助学生对自我进行重新认识，鼓励学生多参加课堂活动，多利用网络的便利条件进行学习，从而提高英语教学的有效性；通过多维评价的方式能使学生在英语学习的过程中养成良好的习惯，不仅提升学生的自主学习能力，更能够使学生在原有的水平上更上一层楼，为学生今后升入高一级学校的学习奠定基础；通过多维评价的实施能够使教师在对学生的多元化、多层次评价中不断进行自我反思，不断促进教师的专业化发展。

第三节　国内外研究现状

文献梳理是学术研究的基本前提，只有理清了当前学术界在本领域的研究现状，才能有效地借鉴其在提出问题、分析问题以及解决问题方面的思路和经验，进而优化本书的研究过程。通过学校图书馆、网络图书馆、知网数据库、万方数据库等文献查阅系统，检索和下载了相关的文献，并进行了文献整理，以为本书研究奠定理论基础。

一、关于大学英语课程教学生态内在要素的研究

第一，大学英语生态化教学设计研究。"大学英语生态化教学"命题的提出，表达了对大学英语教学理想状态的追求，也是面对现代信息技术及网络快速发展带来的冲击与挑战，学界以生态学视角研究大学英语教学的初衷。胡芳毅、王宏军（2019）认为，构建大学英语教学生态是外语教育发展的有效途径，也是主流趋势之一。这一方面的代表性研究主要分为两种：一种是从理论上探讨大学英语生态化教学，如生态化教学模式的设计、大学英语课堂生态及构建等。刘森林（2008）从教学环境营造、教学策略设计和教学质量监控等方面论述了仿生、共生、竞争的生态化大学英语课堂教学模式设计原则。刘芹（2013）依托教育生态理念，从目标、环境、资源、活动和评价五个层面，尝试构建"分层次递进式大学英语模式"。洪常春（2018）借助人工智能构建的生态化大学英语教学模式，使语言学习过程呈非线性并不断演进，最终使各种生态位和谐发展。二是针对大学英语教学实践中的问题或困境，借鉴生态学的理论与方法，提出解决办法和策略等。彭小飞（2013）在列举、解读大学英语教学中的失调现象之后，提出"设施改善，小班授课，网络多媒体的合理使用，和谐教学环境的创建"等应对策略。

第二，大学英语生态化教学主体研究。一部分学者通过探析师生生态位的变化规律，论述两大生态主体生态位的扩充方式，以促进大学英语教学生态系统优化、实现良性运行。比如，李晨、陈坚林（2017）认为，应制定合理的学生生态位扩充策略，从根本上提升学生的能量分配、使用最优化策略、合作与竞争、协同发展以及适应环境的能力；雷丹、陈坚林（2015）主张：通过教师的自身调控、学校科学合理的机制创设，以及政府的宏观督导和大力支持等方式和途径，实现教师生态位的"兼容、动态、良性"扩充。

第三，生态化教学环境研究。教学环境是影响学习者学习方式和认知心理的重要因素。首先，较多学者探究了大学英语课堂教学环境的生态化或生态优化。秦丽莉、戴炜栋（2015）以生态给养理论和调节理论为基础，调查了大学英语学习环境的给养状况，分析了大学英语学习环境给养状况复杂性及根源。其次，学习环境是影响语言教学质量的决定性因素，给养理论被视为生态心理学的核心概念，以此理论为指导设计大学英语学习环境，显示了大学英语教学生态研究的深化与发展。

第三，基于网络的虚拟教学环境研究。网络的虚拟教学环境已然成为大学英语教学环境的重要组成部分，而且是影响教与学效果的重要因素。如何优化这一虚拟教学环境，也是学者关注的议题。师琳（2012）建议应以建构主义学习观为指导，构建以认知主体为核心的大学英语网络教学生态交互模式。

第四，大数据下多维生态教学评价研究。国外研究方面，有研究者认为，教育就是一种促进转化的活动，在课堂生态教学中强调对学生综合素质的考察，要将评价活动隐性地贯穿于整个教育教学活动之中，有效发挥评价的教育性功能。注重评价指标的多元性，强调评价要突出学生的变化过程、学生的发展，激发学生的积极主动性，关注学生的主观能动性。还有研究者认为，多维生态教学评价就是从多个角度、多个主体、多种方法来对教学过程、教学结果进行评价，以科学衡量教学状况。多维生态教学评价应坚持以下几个方面的原则：一是评价主体多元原则，即必须有 3 个以上的主体参与评价；二是互动原则，教学评价的主体应有一定的互动；三是评价形式多样化原则；四是评价内容全面原则。

国内研究方面，张艳红（2012）认为，教师通过课堂多维生态评价主体的研究，让更多的人参与到对学生的评价中，使评价更客观、更针对、更具体。注重有效评价反馈中的诊断性评价，通过有效的反馈策略，使学生养成整理归纳语言点的学习习惯，促进学生自主学习能力的提高。注重学生评价、教师评价、小组评价和家长评价相结合。学生通过教师评价、自我评价和家长评价，对自己的课堂学习过程中的各方面进行正确的判断，从而反思和改进自我学习。通过评价主体的多元性，可以促使学生更容易反思自己，更乐于改变自己，同时更能促进学生的进步和发展，更能体现新课程标准的育人方针。虞燕（2017）认为，一堂课是否成功，教师的评价语言起到至关重要的作用。多元的言语评价能够促进学生在课堂教学中的"学"，也是教师"教"的有效反馈。如何把握评价语言是一门艺术。"按照课堂评价（口头评价）的表达形式，课堂评价语言可以分为：间接性语言和直接性语言。直接性评价语言是指教师对学生在课堂上的行为表现直接使用赞赏或批评的评价语言，学生能够清楚地知道教师的态度情感。"李君天（2009）认为，英语教学的多元评价对学习活动具有反馈、改进等功能。为了实现英语教学的多元评价，有必要从两方面入手：一是实现评价主体的多元化，二是实现评价方式的多样化，既要注重形成性评价也要注重质性评价，关注发展。初开宇（2015）认为，评价是英语课程的重要组成部分，科学的评价体系是实现课程目标的重要保障。英语课程评价要尽可能地做到评价主体的多元化，评价形式和内容的多样化，评价目标的多维化。评价应反映以人为本的教育理念，突出学生的主体地位，发挥学生在评价过程中的积极作用。

二、网络信息技术与大学英语课程的整合研究

随着信息技术、网络的快速发展及对教育领域的渗透和影响，以生态学视角对网络信息技术与大学英语课程的整合开展深入研究，越来越被广大学者关注。他们主要研究了整合的理论问题，如阐述整合的内涵、意义、方式、理论支撑及原则等问题。孙丰果、齐登红（2012）的实证研究结论是，信息技术、网络与大学英语课程的整合就是构建了一个生态系统，一个融合了技术因子的各因子相互协同、动态、平衡发展的大学英语课程生态系统。邹晓燕，陈坚林（2016）认为，信息技术与大学英语的全面整合，可以创设理想的教学环境，可从根本上改变教学结构；这种整合，要遵循"稳定教学结构，兼容教学要素；制约教学运转，促进个体发展"原则，而"生态学可以给网络信息技术与大学英语教学整合提供理论支持"。

国外在信息技术运用于外语教学和学习，尤其是计算机辅助语言学习（CALL）方面的研究有很多，而且已经有相当长的历史了。有研究指出，早在20世纪70年代，计算机便进入了第二语言学习，研究内容集中在把计算机辅助语言学习主要用于语法翻译或听说等语言结构的教学中，计算机辅助语言学习的活动包括词汇、语法的指导、操练和练习活动以及对阅读理解的检测、简单的写作练习等，基本不涉及学生的交际能力的培养。随着多媒体技术的飞速发展以及建构主义学习理论快速崛起，计算机辅助语言学习进入了一个崭新的时代——多媒体计算机辅助语言学习（CALL）。在建构主义学习理论指导下的多媒体计算机辅助语言学习，其应用更加注重借助信息技术为学习者创造真实的语言交际环境，培养学生的口头技能、阅读写作、文化和交际能力，允许学习者主动建构知识，支持自主学习和合作学习，语言学习以任务与内容为主，兼顾语言形式和学习策略。网络多媒体是多媒体和网络两种工具的结合，它能将两者的优势结合起来，更好地为外语教学服务，网络多媒体将成为未来语言教学一个很重要的教学工具，通过发挥网络多媒体的作用，可以提升中学英语教学的效率，增强与学生之间的互动频率。

国内研究方面，丁丽红（2006）认为，网络化教学及其相关研究已经成为我国21世纪教育教学改革的一项重要内容。如何有效地利用网上资源，构建基于课堂网络环境下的现代教学模式，使网络教学与课堂教学有机结合，提高教与学的质量和效果，实现信息技术与课程的深层次整合，是一个迫切需要研究的问题。英语新课程标准也倡导教师要广泛利用网络资源进行辅助教学，探索新的教学模式，促进个性化学习，提高课堂教学效果。为此，她结合大学英语教学，在相关语言学理论和学习理论的指导下，依据英语新生态的理念和多媒体网络技术所具有的优势，构建了课堂网络环境下英语拓展教学模式。刘先俐（2008）认为，当前英语阅读教学中，现行英语教材阅读材料难度大和英语大班教学实效性不高的矛盾越来越突出。而网络以其资源性、交互性、即时性、高效性、真实性等优势，成了一个满足师生获取各个方面信息需求、提高英语阅读课实效的巨大的教学平台。为此，她提出了构建一种精益求精、与时俱进的网络环境下英语教学模式

的思路,旨在扭转英语大班教学存在的课堂教学管理有效性低、课堂互动特别是生生交流受到限制、学生的参与意识不强的局面,有效解决英语教师教学手段陈旧、教学形式单一、教学信息量少、课堂反馈不及时的问题。孙硕(2011)认为,随着信息技术的发展,英语教学模式也在发生变革。如何利用网络资源的丰富性、多样性、高效性、交互性等优势,为英语阅读教学提供新的有效支撑,成为众多教育学者关注的热点问题之一。他通过研究建构主义、认知主义理论,基于英语新课程改革理念,利用思维导图在大脑思考及记忆方面的优势,采用文献研究法,整理和总结 2010 年全国信息技术与课程整合优质课大赛中,来自全国各地优秀教师的英语教学设计,发现当前的英语教学存在着词汇量掌握不足、阅读需求和动机低、没有成体系的阅读方法和习惯、阅读内容过于单一等问题。陆燕峰(2012)认为,自《英语课程标准》颁布以来,英语课程改革已实施多年,信息技术也已作为一种课改的标志广泛出现在英语教学课堂。但多数教师在应用信息技术和网络工具时,还只是流于形式。教师在整合过程中没有找准信息技术与英语教学的正确整合点,教学结构还是以教师为中心,没有为学生创设自主学习、合作、探究的学习环境,课堂教学效果低下。

三、大学英语生态化课程体系建设研究

陈炼(2005)根据生态化课程理论与需求分析理论,在调查分析本科毕业生及用人单位需求的基础上,研制出了由六大类课程构成的大学英语生态化课程体系。李霞分析了基于互联网教学存在的问题,针对上述问题提出建立基于互联网的大学英语生态课程。[①] 此类研究论证充分、理论视角新颖,在网络信息技术与大学英语课程整合背景下,对大学英语课程的完善与发展意义重大。

与此同时,课程体系建设也离不开大纲的指导。对大学英语生态化课程体系建设的探讨,也涉及了对大学英语教学大纲的生态学审视。早在 2008 年陈坚林,谷志忠(2008)就对《大学英语课程教学要求》(2007 年版)有著名的"三化"解读:教学理念"国际化"、教学环境"生态化"、多媒体教学"正常化"。他还指出,生态化大学英语课程课堂系统改革,是大学英语教学改革的重要部分。这指明了大学英语课程生态化改革方向。张蔚磊(2011)认为,制定新大纲时要遵循教育生态规律,要用整体、系统、动态的生态学理论去设计大学英语教育环境,使课程教学处于良性互动的生态系统。[②]

从研究内容上看,一方面,国内生态学视角大学英语教学研究主要关注"语言生态教学",忽视了"文化生态教学"。当今"强势"的英语,几乎垄断了世界外语教育。包括中国在内,教师在教英语的时候,往往会忽略对本国文化的介绍及对学生进行本土

---

① 陈坚林.大学英语网络化教学的理论内涵及其应用分析 []].外语电化教学,2004(12):46—50.
② 刘森林.生态化大学英语课堂模式设计研究 []].外语电化教学,2008,(121):33—37.

文化素养的培养。这种"一家独大"的语言文化教育态势，必定会给世界文化生态带来消极的影响，导致世界文化"种群"生态失衡，不利于文化"种群"协同共进。对中国来说，在英语教育教学方面，如果英语文化"过量"或过于"强势"，而中国文化"不足"或过于"弱势"，那么欲让我们的"人才"在未来的世界舞台上"讲好中国故事"是不可能的。从这个意义来讲，大学英语教学中的文化生态研究应该成为生态视角下大学英语教学研究者的重要关注对象。另一方面，以往的研究将大学英语这门课程作为整体展开生态化教学研究，而忽视对某种具体课型（如口语、写作和翻译等）的生态化教学研究。这不利于该研究的深化与发展，也不利于更具体、更有效地指导大学英语教学。所以，某种课型的生态化教学设计、与信息技术的生态整合等，会成为未来生态学视角下大学英语教学研究进一步深化的重要内容。

第四节　研究内容与方法

一、研究的主要对象

本研究以信息化语境下的大学英语课堂作为研究对象。何谓课堂？广义上说，进行各种教学活动的地方都可以称为课堂。在这个意义上，孔子讲学的杏坛，苏格拉底施教的广场，鲁迅求学的三味书屋，孩子聆听父母教诲的书房，学生参加实习的工厂和自主学习的网络在线平台，广播电视上的教学节目，现代学校里宽敞明亮的教室等，都可以称为课堂。狭义上的课堂主要是指在学校里有计划地开展各种教学活动的场所，是学校用来进行教育活动，以传承、转化和建构教育知识为基本手段，旨在促进学生掌握知识、发展智力和能力，培养学生的品德和促进学生个性发展的场所。狭义上的课堂不包括社会课堂和家庭课堂，而是指与学校教学活动紧密相关的教学场所。本研究主要关注狭义的课堂，即教师和学生在一起开展教学活动的场所，包括传统意义上的教室和老师参与指导的网络虚拟教室。

大学英语课堂，顾名思义，就是师生围绕大学英语课程教学开展各种活动的地方。大学英语课程是专为非英语专业本科生开设的基础课，是一个课程群，具体课程设置因学校而不同。根据《课程要求》的规定，"各高等学校应根据实际情况，按照《课程要求》和本校的大学英语教学目标设计出各自的大学英语课程体系，将综合英语类、语言技能类、语言应用类、语言文化类和专业英语类等必修课程和选修课程有机结合，确保不同层次的学生在英语应用能力方面得到充分地训练和提高。"由于各个学校开设的具体课程不尽相同，本研究中的大学英语课堂是一个比较泛化的概念，并非特指教授某一特定课程的课堂。

换一个角度说，不管是读写译，还是视听说，每一个课程的课堂教学都在本研究的视界中。《课程要求》指出："大学英语课程的设计应大量使用先进的信息技术，开发和建设各种基于计算机和网络的课程，为学生提供良好的语言学习环境和条件。"根据这一要求，各高校纷纷在最近九年的大学英语信息化教学改革中，广泛应用以计算机网络为代表的现代信息技术，开发网络课程，创设网络学习环境。本研究中的"信息化语境"主要包括两层含义，一是指 2004 年初开始的这场大学英语信息化教学改革的时代大背景，二是指具体课程的教学手段、教学环境等的信息化。

二、本书解决的主要问题

本研究将运用生态学和系统科学的相关理论与方法，研究信息化语境下大学英语课堂生态的失衡现象，分析失衡的原因，最后从生态的视角提出重构大学英语课堂生态的原则、路径和实践策略。围绕该研究目标，本研究拟回答以下几个问题：

第一，大学英语课堂生态具有怎样的结构、功能和特征？

第二，大数据时代下的大学英语课堂生态存在哪些失衡现象？

第三，大学英语课堂生态的失衡与现代信息技术的使用有何关联？

第四，如何在大数据语境下调适大学英语课堂生态？

以上四个问题属于渐进式问题。对第一个问题的探讨旨在对大学英语课堂进行其生态系统的身份认证，这是开展后续研究的前提。对大学英语课堂生态的结构和功能进行描述性研究，旨在勾勒出没有现代信息技术介入的传统课堂生态的常态。后三个问题主要按照发现问题、分析问题和解决问题的线性思维渐进式提出，问题二旨在反思现代信息技术的广泛应用给大学英语课堂生态带来了哪些失衡和失谐现象，主要回答"是什么"的问题；问题三旨在从生态学的视角对大学英语课堂生态失衡现象进行信息技术方面的归因，主要回答"为什么"的问题；问题四旨在提出问题的解决方案，主要回答"怎么办"的问题。

三、研究方法

研究方法是在论文研究过程中主要应用的分析工具，为了很好地开展本文的研究，本文在写作过程中，运用到了下列研究方法。

（一）文献分析法

在分析研究过程中，对国内外大量文献进行了研究分析，借鉴和参考文献中的有关内容，了解当前大数据背景下大学英语课堂生态的研究现状，并且进行综合性的分析和总结，提炼出本文研究的理论支撑，特别是总结出大学英语课堂生态系统理论框架，以为本文后续研究奠定坚实的理论基础。

（二）问卷调查法

本文依据大数据背景下英语教学多维评价模型框架，从多维评价方法、多个评价主体、多方面评价内容、多层次评价目标、多样化评价结果五个方面设计调查问卷，对300名大学生展开问卷调查，以准确了解大数据背景下大学英语的多维评价状况。

（三）个案访谈法

访谈法是一种有针对性的研究性谈话，主要是指通过与被访者在口头上的交流来收集与研究相关的资料。为了体现研究的实际应用性和真实性，本人依托工作上的便利，选取自己的工作单位，即黄淮学院为访谈地点。通过对黄淮学院的学生和教师展开访谈，了解他们对大数据背景下英语课堂生态的认知状况。在访谈过程中，主要采用半结构化访谈的形式，在轻松愉快的环境下与学生展开交流，访谈学生人数为50人。通过对教师的访谈，收集关于大数据环境大学英语教学的具体状况，为研究提供第一手的资料。本研究主要对笔者所在学校的大学英语组教师进行了访谈，访谈教师人数为10人。

（四）课堂观察法

所谓课堂观察法主要是指研究者带着十分明确的目的，通过自身的感官以及相关的辅助工具等，直接从教学课堂的情景中收集资料的一种研究方法。课堂观察法可以分为直接观察、间接观察两种方法。由于笔者所在学校条件便利，能够对课堂进行实地考察。通过对英语课堂教学中学生行为、教师与学生之间的互动行为等，试图从这些课堂信息中真实了解教师与学生在英语课堂中的角色扮演状况，了解学生参与英语学习的积极性、主动性，了解教师运用多维评价的灵活性策略。

第二章　大学英语课堂生态构建的大数据背景

第一节　大数据的基本理论

一、大数据的起源

在人类长期的社会实践中，经过了猿人类、原始人类、智人类、现代类 4 个阶段的进化过程，大数据也是如此。20 世纪 60 年代，人类进入信息时代，数据库也发展起来，当时的数据库主要用于存储数字、图片、文本、视频等。20 世纪 90 年代，互联网的出现，堪称科技史上的伟大发明，它主要运用于军事方面,目的是防止军事机密被窃取。最早的互联网是人们把不同大学的四台计算机互相连接起来，随着计算机连接技术的发展，互联网能把每家每户的计算机连接起来，方便了人与人之间的相互联系，大家也可以上传文件、图片等，别人需要就可以在网上搜索查找自己想要的数据，此时的数据被称为"小数据"。随着信息加快发展，使用计算机、网络智能终端机的人越来越多，需要查找的数据越来越大，人们存储需求越来越强烈，云计算随之产生。云计算是一种把数据上传云端，访问者可以随时下载这些数据的一种模式，它改变了之前人们把自己的数据分散保存在个体计算机或者自家企业的服务器中。在公用的"云端"，人们会把庞大的数据全部存储到"云端"以方便访问者查询。人们想获取自己需要的数据时就可以用浏览器访问。近年发展起来的淘宝网站，就是通过访问者产生大量的数据，他们把这些数据集中放在云端提供服务，方便客户快速查询商品，这些数据是这个大型网站最为核心的资产。[1]他们高薪聘请优秀的大数据技术人才来保管、整理、分析这些数据，实现更高的商业利润。云计算为大数据提供了存储方式，扩宽访问者的数据渠道，而大数据是云计算

---

[1]　刘芹.教育生态环境下分层次递进式大学英语教学模式探索——以上海理工大学为例[J].外语界,2013,(5):51-58.

发展的必然归宿，两者相互促进，共同发展。由于越来越多的计算机人才对大数据深入研究，相关的技术越来越成熟，随着大数据的分析算法研究和开发，大数据在教育领域得到了广泛的应用。

二、大数据的含义

大数据（Bigdata）最初的主要用途是描述需同时进行批量处理或分析的大量数据集。随着大数据的不断发展，海量的数据信息存储已经不再重要，重要的是提取有价值的数据利用分析技术处理，挖掘数据的潜在价值。维克托·迈尔-舍恩伯格及肯尼斯·库克耶编写的《大数据时代：生活、工作与思维的大变革》一书中指出，大数据是以"一种前所未有的方式，通过对海量数据进行分析，获得有巨大价值的产品和服务，或深刻的洞见。"[1] 由于社会各个领域的数据都在疯狂增长，对大数据处理技术和数据收集速度的要求越来越高。因此，美国互联网数据中心将大数据定义为：通过高速捕捉、发现、分析，从大容量数据中获取价值的一种新的技术架构。[2]

麦肯锡是美国著名的咨询公司，它是最先研究大数据的企业。在其报告《大数据：创新、竞争和生产力的下一个前沿》《*Big data: The next frontier for innovation, competition, and productivity*》中给出的大数据的定义是："大数据指的是其大小超出了常规的数据库工具获取、存储、管理和分析能力的数据集。"但他同时强调，并不是说一定要超过特定 TB 值的数据集才能算是大数据。维基百科中只有短短的一句话："巨量资料（big data），或称大数据，指的是所涉及的资料量规模巨大到无法通过目前的主流软件工具在合理的时间内达到撷取、管理、处理并整理成为帮助企业经营决策更积极目的的资讯。"

每位学者对大数据概念的理解都不一样，我们分析大数据的含义可以从宏观和微观两个方面入手：微观层面，大数据是一个抽象并且新兴的概念，每个人都对大数据有不同的理解，这取决于作者的态度和学科背景，大家看它的维度不一样，给出的定义也就不一样。朱建平在《大数据对大学教学的影响》中对大数据的定义为：大数据指那些超过传统数据系统处理能力、超越经典统计思想研究范围、不借用网络无法用主流软件工具及技术进行单机分析的复杂数据的集合。对于这一数据集合，在一定的条件下和合理的时间内，我们可以通过现代计算机技术和创新统计方法，有目的地进行设计获取、管理、分析，揭示隐藏在其中的有价值的模式和知识。[3]

从宏观层面说，大数据出现时间很早，在国外发展的前景更广阔，而在中国的发展就比较缓慢，近两年来大数据才引起大家的重视。这期间推动大数据发展的第一个原因

① 洪常春.人工智能时代大学英语生态教学模式构建研究 [J].外语电化教学，2018，(12)：29-34.
② 师琳.建构主义视角下的大学英语网络教学生态环境研究 [J].外语电化教学，2012，(5)：62-65.
③ 安晖、陈阳、张鼎、刘琼、韩健、吕海霞译.大数据：下一个创新、竞争和生产力的前沿 [R].工业和信息化部赛迪研究院，2012.

是人们在网上生产的数据量越来越多，为了及时处理和存储这些数据，需要计算机专业的人才快速处理这些即时数据。大数据快速发展的第二个原因是科技的进步使人们的存储技术越来越高，存储设备也有所下降，以前存储数据基本放在硬盘、便携式 U 盘等，企业单位存储的数据越多，需要的硬盘越大，成本自然就要提高；现在普及的云端存储，每个人或企业单位都拥有自己的云端，这些云端是一个虚拟的存储空间，而且存储空间无限大，成本也不会增加。最后一个原因就是企业挖掘大数据的潜在价值有利于为商家赚取更多利润，在这样的驱动下，大数据得到了快速发展，就像涂子沛定义的大数据一样，它能给各行各业带来大利润。本文中大数据含义是指对于海量的全部数据通过收集、存储和分析，从中发现规律并在此基础上预测事物的未来发展，从而不断提高技术水平来服务实践。

三、大数据的特征

（一）数量大

数量大是大数据的基本特征。早在 2011 年，据统计，全球数据总量为 1.8ZB＝1.8 万亿 G B，到 2020 年这一数据增长为 40ZB。大数据迅速增长，首先是互联网的广泛应用，上网的个人、企业、组织越来越多，随之各种便携式设备、存储技术的发展，大家每时每刻发的短信、微博、微信、照片、视频等都是数据。这些数据被其他用户通过网络能方便地获取到，点击用户越多，生成的数据就越快越多。其次是各种自动化机器设备、监测设备的大数据获取能力在大幅度提高，使得人们获取到的数据具有一定真实性，描述同一事物的数据从多方面获取，数据随之增加。比如现在的微博可以视频、发动态图、自己制作小视频等，人们感兴趣的点击率就高，产生的数据也就大。可以说数据维度越来越高，描述能力就越来越强，数据量就随之剧增。数据的大量化还表现在人们对待大数据的方法和观念。传统研究方式基本采用采取样本，对样本进行分析然后概括总结得出结论。对数据的要求小，只要少量数据就可以分析出想要的结论，而随着互联网技术的发展，人们用少量数据已经不能分析总体样貌，得出的结论也完全不客观，急需更多或者全部数据来分析事物本身，所以就使得数据量明显增多。

（二）多样化

大数据的重要特征是格式、来源多样化，以往数据都是事先定义好结构，在结构中输入收集到的数据然后用二维表结构存放在数据库中，增加新数据的时候，通过格式的统一就可以不用再定义了，直接放入数据库，将数据存储好，将来很方便就能处理和查询，如常用的 Excel 软件所处理的数据。然而，随着智能手机终端设备的出现和物联网的快速发展，手机代替电脑随时随地能上网，只要上网人们就可以跟别人聊天，获取新闻资讯，发送电子邮件、微博等，在这一过程中就能产生各种类型的数据，包含结构化、半结构化和非结构化等，这些数据没有统一的格式，涵盖了TXT、音频、图片、视频等不同的类型，增加了数据的存储和处理难度。而且随着经济的发展，学校、企业、社会都会在隐秘的地方安装监视器，它们每天也在产生大量的数据。这些数据已经成为现在的主流数据，并且在秒速增长。数据不仅结构多样化，来源多种多样，可以来自组织内部运作的各个环节，也来自组织外部，不断激增的数据正在改变着我们的世界。

（三）速度快

大数据产生速度快，所以处理速度也要求很快，由于数据以爆发式快速增长，它在不断地更新，处理数据的技术也要不断提高才能提取有用数据。同时，数据就像河流一样，永远都在网络上流动着，管理者想利用数据价值就必须对数据有效处理，不然它就流走了，大量的数据就没有意义，所以数据的处理速度决定了数据使用者能否成功挖掘到有价值的信息。大数据的快速处理在商业领域表现得很突出，企业每天面对海量的客户数据，他们必须及时把握市场动态，迅速洞察产业、市场、经济、消费者等各方面的动态，根据快速提取的数据分析做出相应的决策，并且准确预测业务未来发展方向，及时调整企业业务重心，这就是数据快速化处理的结果。

（四）价值高

价值高是大数据的终极意义，它最终能帮助决策者预测事物发展方向，实现科学决策。首先大众媒体必须依靠大数据成功转型。在大数据时代，传统媒体应该以更加开放的心态学习认识大数据，抓住优势，促进自身发展。其次是大数据促进教育的改革，教师通过大数据对学生数据进行全面和及时采集，关注学生在日常生活和学习中的动态，并且采集过程是在学生不知情的情况下进行的，学生的真实情况能被反映出来。对于有价值的数据，老师利用大数据技术分析，准确预测学生行为，从而有效提高教育质量。最后，大数据的价值在于改变着社会服务。对医疗服务而言，医疗机构通过对大数据整合分析各种病情，准确掌握患者健康情况；对生活而言，大数据促进电子商务的转型，如"饿了么""美团外卖"等服务影响着人们的饮食，"优步"打车软件、"ofo"共享单车的出现方便人们出行。总之，为了实现大数据的价值化，我们必须存储足够的有用信息，提高大数据的价值密度，精确预测出未来可能发生的事情。

第二节　生态学的基本理论

21世纪被认为是生态世纪，生态学思想渐入人心，成为人们生活、工作和解决实际问题的新思路和新方法。越来越多的教育工作者也将视线转向生态学的最新理论成果，并将其运用于教学实践。谈到生态学，首先需要辨析生态系统、生态位等基本概念，了解生态学的基本观点。为了更好地运用生态学的观点解释和分析大学英语课堂教学中的现象和问题，本节将对生态学的发展、生态学的基本概念和理论以及生态学的研究方法进行理论回顾。

一、生态学的发展历程

生态学是研究生物与环境之间相互关系及其作用机理的一门学科。朴素的生态学思想古已有之，古希腊神话中蕴含的生态整体意识，如万物一体的认识、对人类中心主义的谴责以及对理想生态的追慕。亚里士多德的朋友、植物学家提奥弗拉斯所描述的有机体之间以及有机体与所处环境之间的关系，我国荀子所说的"树成荫，而众鸟息焉，醯(xī)酸，而蜹(ruì)聚焉""积土成山，风雨兴焉，积水成渊，蛟龙生焉"，孔子所说的"鱼失水则死""鸟能择木，木岂能择鸟乎"，都体现了古人对生态的朴素认识。孟母三迁的故事，更说明了当时人们已注意到教育与自然环境、社会环境的关系。

然而，"生态"这一科学术语出现得比较晚。据考证，"生态"(ecology)一词最早由美国作家、博物学家亨利·索瑞于1858年首先使用德国动物学家雷特尔于1865年对该词做出解释，认为它是希腊文词根"Oikos"("住所"的意思)和"Logos"("研究"的意思)结合而成"Oekologie"(德语，表示"对住所的研究")。1866年，德国生物学家海格尔首次给出了生态学的定义，即"生态学是研究有机体同周围环境之间相互关系的科学"。这个定义奠定了生态科学研究的基础。1895年，日本植物学的奠基人三好学将"ecology"一词译为"生态学"，后经武汉大学张挺教授介绍到我国。

20世纪上半叶，一些有价值的生态学概念纷纷出现，如生物群落、生态位、食物链、生态系统等。1935年，英国生态学家坦斯利首次提出了生态学界迄今为止最具创造性的"生态系统"概念，得到了广泛的接受，这一概念的应用和发展将生态学推向了系统研究的新高度。到20世纪中叶，生态学日趋成熟，从描述、解释向机制研究转变，生态学已基本成为具有特定研究对象、研究方法和理论体系的独立学科。

20世纪50年代以来，生态学逐渐从生物科学中的一门描述性分支学科发展成为一门崭新的、结构完整的、具有高度综合性的学科，生态学发展进入注重与其他学科结合、与技术手段结合、面向实际问题的现代生态学时期。在研究规模和尺度上，逐渐由"个体——群落——生态系统"向"区域——国家——全球规模"转变；在研究对象上，由传统的以自然生态系统为主逐渐向"自然——社会——经济复合生态系统"转变；在研究目的上，从"象牙塔"走向社会，直接为社会服务；在研究方法和手段上，由传统的收集、观测、描述、统计到现代的全球生态网络的建设等。

"生态学"一词在教育研究中正式使用可能始于美国教育学者沃勒于 1932 年提出的"课堂生态"（ecology of classroom）的概念。由此可见，"课堂生态"概念的提出（1932年）要早于"生态系统"的概念（1935 年），因此可以推测，早期对课堂生态的研究并没有上升到系统分析的层面。1966 年，美国教育学家阿什比运用生态学的原理和方法研究高等教育，提出了"高等教育生态学"（ecology of higher education）的概念。1976 年，美国哥伦比亚师范学院院长劳伦斯·克雷鸣在《公共教育》一书中最早提出"教育生态学"（Ecology of Education）的概念，并用了一章的篇幅进行论述，重点阐明了教育配置中各因素的相互作用和相互影响，该概念的提出对发展跨学科研究、开拓教育科学新领域是一个重要的贡献。我国教育生态学研究始于 20 世纪 60—70 年代，较早的论著有方炳林的《生态环境与教育》，李聪明的《教育生态学导论》，吴鼎福等的《教育生态学》。生态学发展过程中的几件标志性事件可用表 2-1 清晰呈现。

表 2-1　生态学发展简表

时间	重要事件	事件人
1858	最早使用"ecology"（生态）一词	亨利·索瑞（Henry Thoreau）（美国）
1865	最早解释"ecology"（生态）的词义来源	雷特尔（Reiter）（德国）
1866	最早定义"ecology"（生态学）	海克尔（Haeckel）（德国）
1895	将"ecology"译为"生态学"	三好学（日本）
1917	提出"ecological niche"（生态位）的概念	格林内尔（Grinnell）（美国）
1932	提出"ecology of classroom"（课堂生态学）的概念	沃勒（Waller）（美国）
1935	提出"ecosystem"（生态系统）的概念	坦斯利（Tansley）（英国）
1949	提出"ecological balance"（生态平衡）的概念	威廉·福格特（William Vogt）（美国）
1976	提出并论述"ecology of education"（教育生态学）	劳伦斯·克雷鸣（Lawrence Cremin）（美国）

二、生态的概念

日常生活中使用的"生态"一词，无论是在汉语中，还是在英文中，都有两种词性用法：名词和形容词。作为名词使用的"生态"在汉语中多作为中心词出现在一些偏正词组中，如自然生态、社会生态、政治生态、教育生态、课堂生态等，意思是"生存的状态"或"生态系统"，词意属中性，所对应的英文应该是名词 ecology。作为形容词使用的"生态"通常作为定语成分出现在一些偏正词组中，如生态农业、生态旅游、生态公园、生态课堂、生态鸡蛋等，意思是"生态的"或"生态化的"，词语的感情色彩趋于褒义，是用来修饰那些符合现代生态理念的、健康和谐的、能促进可持续发展的事物或系统，所对应的英文应该是形容词 ecological。第三种情况是"生态"作为名词出现在偏正词组的定语位置，但不表达"生态的""和谐的"等褒义，而是属于中性，表达"生态类别的"，如生态系统、生态环境、生态因子等，对应的英文是 ecological。

　　英文中的"生态"（ecology）一词最初来自于希腊文，表示"对住所的研究"，关注的是生物与环境的关系，后发展为"生态学"（Ecology）的概念。如何给作为学术概念的"生态"下定义？大多数研究者都认同以下表述：生态是生物体的生存状态以及生物体之间、生物体与环境之间的关系。在这个定义中，我们可以解析出关于生态的四个关键词：生物体、生存状态、环境、关系。这四个关键词体现了两个构成要件（生物体和环境）和两组关系（生物体之间以及生物与环境之间）。可见，对生态的研究主要是研究在环境的作用下生物体处于什么样的生存状态，同时还要研究生物体之间以及生物体与环境之间存在什么样的关系。既然是状态，就有平衡和失衡的问题；既然是关系，就存在和谐与失谐的问题。

　　本书的聚焦点是大学英语课堂生态，需要关注的也是系统的"状态"和"关系"。这里所说的"课堂生态"主要包含两层含义，第一层含义基本等同于"课堂生态系统"，是将课堂看作一个生态系统来加以研究，第二层含义是指"课堂生态系统的状况"。因此，本研究所关注的问题主要包括：课堂生态系统是否存在失衡现象？如有，有哪些体现？为什么会失衡？课堂生态中的"生物体"（教师和学生）之间以及师生与教学环境之间的关系怎样？是否有失谐现象？如有，是哪些？为什么会有失谐问题？怎么重构平衡态？本研究旨在回答好这些问题。

三、生态系统的概念

　　生态系统（ecosystem），又称自然生态系统，是生态学研究的重要理论命题。1866年，德国生物学家海克尔首次提出了生态学的定义，他认为，生态学是一门研究生物与其所处的自然环境的相互关系的综合性科学。69年后的1935年，英国的生态学家阿瑟·乔治·坦斯利爵士首创了"生态系统"的概念，即"我们不能把生物与其特定的自然环境分开，生物与环境形成了一个自然系统。正是这种系统构成了地球表面上具有大小和类型的基本单位，这就是生态系统"。

　　随着生态学的不断发展，特别是环保主义和可持续发展理念在全球的兴起，越来越多的人开始接受并应用"生态系统"的概念。但在理论研究和实践应用中，因为不同研究者在学科背景、学术脉络及研究对象、研究视野等方面的差异，其对生态系统的界定也有所不同。这使得学术界关于生态系统的定义存在分歧。目前关于生态系统的定义，有的学者认为，生态系统是指在一定时间和地理空间范围内，生物群落与其周边环境组成的具有一定大小和特定结构的功能复合体。

　　生态系统作为生态学研究的一个核心概念，与物种、种群、生物群落等概念密切相关。物种、种群和群落三者紧密相连，是生命系统构成的不同等级。

　　物种（species）是指具有一定的形态结构和生理功能，并在自然状态下能相互交配、产生可育后代的生物个体。种群（population）是在一定时间内占据一定地理空间的物种集合体。物种和种群的区别在于，物种更多的是强调生物的个体，种群更多地强调在一定时间和某一地理范围内同一物种的集合，也就是说，不同自然区域内的同种生物个体是同类物种，但却是不同的种群。

生物群落（biological community）是指在协同时间内生活在共同地域范围内的，存在直接或间接捕食、共生或寄生关系的所有生物种群的集合。在自然生态系统中，生物种群由不同的生物种群组成。生物种群既有个别生物种群的一些基本特征，如繁衍、变异、遗传等，也有单个生物种群不具备的整体性特征，如生物物种的多样性、结构性和层次性等。在某一生物群落中，不同生物物种所引起的作用是不同的，一些物种对群落的形成、演化和发展起着非常重要的作用，这就是所谓的"优势种"或"关键种"，它们通常数量比较多，对某一营养级有决定性的影响，能够左右群落演化的方向和路径。

在生态系统理论中，还有两个概念比较重要。一是生态位。生态位是指某个物种或种群在时间、空间上的位置及其与其他种群之间的功能关系，表示该物种或种群在该生态系统中维持生存所必须的生境最小阈值。二是食物链。食物链是由英国动物生态学家埃尔顿于1927年首次提出来的，是指生态系统内各生物之间由于食物而形成的一种联系。生态系统中贮存于有机物种的化学能在生态系统中依托食物链层层传导。通俗地讲，食物链是各种生物通过一系列"吃"与"被吃"的关系紧密联系而成的，这种生物之间以食物营养关系彼此联系起来的序列，就像一条链子一样，一环扣一环，在生态学上被称为食物链。

生态系统既具有一般系统所具有的共同特征，如稳定性、开放性等，也具有生物及环境聚合体的基本特性，如竞争性、进化性等。总体上看，生态系统具有以下典型特征。

（一）动态性与平衡性

每个生态系统都是由一定的生物群落与其栖息的自然环境组合而成的。生态系统经过由简单到复杂的长期演进，最后达到相对稳定的状态，系统内各组成要素的结构与功能处于协调的动态之中，同时与外界环境不断进行物质交换、能量传递和信息交流。在一定时间和相对稳定的条件下，系统内不同生物与生物之间、生物和环境之间形成了一种相对稳定的结构及相应的功能。在正常情况下，在一定的生态阈值范围内，生态系统内物种保持着种类和数量上的相对稳定，系统能量的输入和输出接近相等，这种状态便称为"生态平衡"。"生态平衡"是一种开放条件中的动态平衡，是生态系统内部长期适应的结果，即生态系统的结构和功能处于相对稳定的状态。"生态平衡"之所以能够维持，关键在于生态系统具有自组织性和自我修复调节能力。但是，生态系统的自我调节能力是有限的，当外力影响超出一定的限度时，"生态平衡"就会遭到破坏，生态系统就会发生结构上的变化，例如，一些物种的种群规模发生剧烈变化，有的物种数量可能因此而增加，有的物种数量可能因此而减少，还有的物种可能因此而消失，从而导致生态系统发生不可逆转的改变，进入新一轮的动态的演化甚至出现严重的生态失衡。

（二）竞争性与协同性

达尔文的生物进化理论认为，物竞天择是生物进化和发展的根本逻辑。在生态系统中，生物体都处于激烈竞争中，并通过竞争完成进化，但由于不同生物处于同一生态系统，相互之间存在或强或弱、或直接或间接的各种联系，它们的进化过程相互依赖、相互影响。生态系统是每一种生物为了生存和繁衍，在充分利用周围环境（如从周围环境中吸取空气、阳光、水分、热量和营养物质）又不断作用于周围环境（如释放和排泄自身的废弃物）的生存竞争中所形成的。生态系统是一个充满生存竞争的系统，每种生物必须参与这种竞争，并在竞争中取胜，才能生存下来成为系统的有机组成部分。同时，生态系统是相互依赖的系统，生态系统中两个或多个物种由于生态上的密切联系，其进化历程相互依赖，当其中一个物种进化时，物种之间的选择压力发生改变，其他物种因此将发生相应的进化事件。物种之间的相互作用对生态系统也会产生很大的反作用，任何物种的重大变化都会使整个系统产生适应性反应，物种在进化过程中与环境也会协同进化，因此，生态系统具有协同进化的特征。

（三）竞争性与协同性

生态系统的多样性和复杂性根源于生物及其种群的多样性。生物多样性是指在一定时间和一定地区所有生物（动物、植物、微生物等）及其遗传变异和生态系统的复杂性的总称，是指生命有机体及生态综合体的多样化和变异性。生物多样性包括生命形式的多样化（从类病毒、病毒、细菌、支原体、真菌到动物界和植物界），各种生命形式之间及其与环境之间的多种相互作用，以及各种生物群落、生态系统及其生境与生态过程的复杂性。生态系统的多样性表现在生态环境的复杂性和生物群落多样性两个方面。所谓生态环境的复杂性是指地形、地貌、气候、土壤和水文等自然地理要素及其形态的多样化；生物群落的多样性包括在一定的生态环境下生存着各种各样的生物群落。总体上看，生态系统是一个生物为主体，呈网络式的多维空间结构的复杂系统，它由极其复杂的多要素、多变量构成，而且不同变量及其不同组合，以及这种不同组合在一定变量动态之中又构成了很多亚系统。

（四）区域性与差异性

生态系统必须依赖特定的地理区域，因此，区域差异性是其重要特征之一。

任何生态系统都与特定的地理空间相联系，包含一定地区和范围的空间概念。这种地理空间都存在着不同的生态条件，栖息着与之相适应的生物类群。生命系统与环境系统的相互作用以及生物对环境的长期适应结果，使生态系统的结构和功能反映了一定的区域特性。例如，同是森林生态系统，寒温带针阔混交林与热带雨林生态系统相比，无论是物种结构、物种丰富度或系统的功能等均有明显的差别。这种差异是区域自然环境不同的反映，也是生命成分在长期进化过程中反馈的结果，是生态系统固有特征对各自地理环境适应和相互作用的结果。

第三节　大学英语课堂生态系统的构成与功能

从生态学的视角研究大学英语课堂，就是将大学英语课堂看作一个微观生态系统加以研究，因此，有必要首先对大学英语课堂进行身份认证。本节将依据生态学和系统科学相关理论，对大学英语课堂的生态属性予以考察，并对课堂生态的国内外相关研究进行文献综述，以阐明本研究的历史渊源和价值创新。大学英语是一个具有一定层次和结构、各组成部分相互联系和作用共同组成的一个有机整体，在这个整体中，各个教学要素内部和之间不断地进行着物质、能量和信息的输入、输出，与内外环境之间保持持续不断的交互作用，进而维持着大学英语教学的平衡和稳定。从这个意义上说，大学英语不仅是一个有机整体，它还是一个完整的生态系统。正如陈坚林教授所说："我们说外语教学是个系统，除了用系统论的方法，还应以生态学视角来看待和处理外语教学中的各种问题。因此，外语教学系统实际上还是一种生态系统。"它是教师与学生及其教学环境共同组成的特殊的生态系统，具有自然和社会的双重属性，是由独特的生态主体和生态环境共同构成的一个整体。

一、大学英语生态系统的构成

从宏观来讲，大学英语教学生态系统由两部分构成，即生态主体与生态环境。生态主体主要包括学生与教师：首先，教师和学生作为大学英语教学生态系统中的生态主体，其个体本身就是一个生态系统，属于微观生态。每一个学生或教师都是不同于他人的生命个体，每一个学生都有着自己的个性特点、学习风格等，每一位教师也是有着不同教学理念和教学风格的个体。个体之间相互影响、相互作用，总是处在不断的发展变化和相互磨合、适应的过程中。在生态学视角下，个体的学生或教师就是大学英语教学生态系统中的"种"，具有多样性、差异性等特点。其次，正如自然界中的生物一样，任何一个个体都不是孤立存在的，都需要与同种的生物个体共同组成一个相互依赖和制约的有机整体（群体）才能获得生存与发展。在大学英语教学中存在着学生群体与教师群体，也可以说是该系统中的"学生种群"与"教师种群"。

在种群内部与种群之间都存在着复杂的生态关系，既有竞争也有合作，既相互制约又相互依存，相辅相成、协同发展。例如在学生种群内部，来自学生的学业和考试等的压力使学生之间形成一种无形的竞争，而由于大学英语不仅要传授语言知识，更重要的是培养学生语言的实际运用能力，因此学生之间更多的是为了完成学习任务、提高语言能力而进行的各种合作活动。学生之间相互帮助、借鉴，在共同体验、相互启发的过程中实现共同发展，从而有利于促进整个学生种群的成长。再次，生态学上的群落指的是一定时空内生活在一起的各个种群的集合体。在大学英语教学生态系统中，学生种群与教师种群由于大学英语学习的共同目的而形成了群落，该群落作为一个生态功能单位，将学生种群与教师种群包含在内，体现了生生之间、师生之间的各种学与教的关系。英语学习不仅包括生态个体新旧知识之间的交替与转换，还包括中外语言及文化之间的交流与碰撞，教师应当充分利用英语学习能给学生带来新鲜感和好奇感的优势，唤起学生学习英语的兴趣和欲望，降低其消极影响（如学生的焦虑、不安等情绪）；而学生的积极学习也会极大地提高教师的教学热情，促使教师种群以学生为中心设计和实施教学，因此，只有师生种群形成这种共生互补、相互依存和促进的关系，才能有利于良好大学英语群落的形成。

相对于生态主体来说，大学英语教学生态系统的另一个重要组成部分是生态环境。这里的生态环境不仅仅是指传统的物理教学环境，也包括师生的精神、心理环境，同时，由于生态主体也是社会中的人，不可避免地受到社会、文化和他人的影响，所以大学英语教学生态环境还包括社会文化环境。在这里需要特别明确的一点，就是生态环境中信息技术这一生态因子的角色和作用：传统的大学英语教学认为，以计算机网络为核心的信息技术仅仅起着教学媒体的作用，多为教学内容的展示工具，并把它简单地理解为计算机多媒体设备，在教学中只是担任辅助的角色，可有可无、可多可少。然而，随着计算机网络的飞速发展，信息技术已经渗透到大学英语的方方面面，改变着传统的教学观念和模式，在这种形式下，"单靠计算机辅助教学是远远不够的，因为计算机辅助大大地削弱了计算机本身的功能和作用，不能从根本上有助于创设一个理想的外语学习环境"。因此，我们必须要转变观念，以生态的视角重新认识和定位信息技术：首先，正如陈教授所讲，信息技术要"有助于创设理想的外语学习环境"。多媒体教室、自主学习中心、网络学习平台、校园网等构成了目前丰富的大学英语学习环境，利用信息技术可以创设各种学习情境，为学生运用和实践英语技能和知识提供条件和平台；另一方面，随着大学英语新教学模式的推行，大学英语教学的各项活动在很大程度上都得到了信息技术的支持，例如教师对教学内容背景知识的介绍、学生网上学习任务的完成、小组项目的进行（短剧表演、模拟职场等任务）都已经离不开信息技术所创设的环境，而在这种新型的环境下，有利于促进学生成为学习的主人，培养自主学习的意识，挖掘其学习能力和创造力。其次，信息技术不应是教学的工具，而应当是师生自己构建知识，进行认知加工的工具。信息技术在大学英语中的应用和发展，对教师提出了越来越高的要求，教师不仅要会操作教学媒体和工具，更重要的是要具备信息素质，要有信息化的理念和意识，学会如何更为有效地利用和开发教学资源，只有自己做到游刃有余，才能达到自身的持续发展，更好地服务于学生的学习。学生也要具备自己开发和利用资源的意识，按照自己的步调和实际情况进行有目的、有计划的学习，要利用信息技术获取自己所需的内容，并消化和内化为自身知识。就大学英语教学来说，信息技术已经成为营造生态环境和师生认知加工过程中不可或缺的必要组成部分，在教学的各个阶段发挥着其应有的作用，与其他各因子共同构成一个有机整体。

二、大学英语教学的生态功能

任何一个生态系统都不是封闭的，不管是其系统内部各生态因子还是系统与外部环境之间都处在不停的运动与循环中，进行着永不停歇的物质、能量和信息的交换、传递与转化，而在这一过程中所形成的物质流、能量流和信息流也遵循一定的规律，体现着生态系统的特点和功能，维持着生态系统的正常运转。大学英语教学作为一个生态系统，其内部的物质流、能量流和信息流也体现了教师、学生、各教学要素、内外环境等因子之间所进行的物质循环、能量流动和信息传递，也正是在这种循环往复的输入输出过程中体现了大学英语教学的语言教育功能，保证了大学英语教学系统的有序运转。因此，大学英语教学的生态功能也就体现在物质循环、能量流动和信息传递中。

（一）大学英语教学系统中的物质循环

物质循环作为生态系统的重要功能指的是"无机化合物和单质通过生态系统的循环运动"。通俗地讲，自然界中的物质循环是由植物吸收了地理环境中的空气、水、阳光和土壤等成分并把其转换为自身的有机组成部分，而植物的有机体被动物吸收后合成动物的有机成分，在动植物死后，其残体被微生物分解成无机物又回到空气、水和土壤中的循环过程。大学英语教学生态系统中的物质不仅如自然界中的循环往复一样，而且是更为高级和复杂的一个过程，其基本的循环过程可以由图 2-1 展现出来。

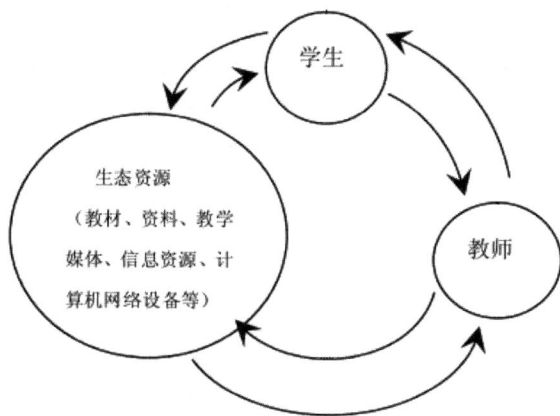

图 2-1　大学英语教学系统物质循环图

首先，大学英语教学生态系统中的物质主要体现为教材、资料、教学媒体、信息资源、计算机网络设备等生态资源。其次，这些生态资源作为英语学习的载体，承载着师生之间、生生之间的信息交流，实现着大学英语教学中的物质循环。为帮助和促进学生的英语语言学习，教师借助教材、媒体、网络等生态资源对教学各要素（如教学内容、教学活动等）进行加工和处理，而在这一过程中，教师如何利用和开发生态资源影响着教学效果的好坏，影响着学生对生态资源所承载的信息的消化和吸收。学生通过吸收生态资源中承载的信息，将新的知识内化为自己认知的一部分，也因而间接地成为大学英语生态资源的分解者和消化者。另一方面，学生作为具有生命的个体，能够发挥主观能动性，利用各种生态资源自主地完成信息和知识的开发与建构，成为直接的吸收者和建构者。同时，学生在对生态资源的开发与建构过程中又促进了生态资源的深入开发和再利用，实现了物质的不断循环。再次，大学英语教学生态系统中的物质循环不仅是从"生态资源"到"教师"再到"学生"，最后又到"生态资源"的过程，也是从"生态资源"到"学生"再到"教师"，最后又到"生态资源"的过程。学生通过自己对生态资源的主动加工，引起自身知识结构的变化，而这必定会反作用于教师。学生的新认识、新思路需要得到教师的反馈，一方面，在知识建构的过程中，由于师生处于平等的地位，教师可以从学生身上得到参考和借鉴，也可以弥补自身的不足，从而体现了从学生到教师的物质循环；另一方面，学生的变化也会促进教师对生态资源的进一步利用和开发，而这又恰恰实现了教师和生态资源的物质循环。总之，大学英语教学生态系统中持续不断的物质流动与循环实现了大学英语生态资源的开发与再生，也促进了大学英语的教与学，有利于各生态因子的共同成长。

（二）大学英语教学系统中的能量流动

生态系统的能量流动，是指在生态系统中，由非生物环境经过有机体，再到外界环境所进行的一系列能量传递和转化过程。它是自然界能量守恒和转化定律在生态系统中的体现，生态系统输入的能量和有机体贮存、转化以及释放的能量相等。大学英语教学系统中的能量不仅指学校等部门对大学英语教学所进行的资金、设备等的投入，也不仅仅指师资力量（教师数量、水平）的强弱或师资的流动性，更重要的是指大学英语教学中生态主体间由于文化、背景的不同所产生的精神或心理的状态以及因此而形成的氛围和感觉，并指由此所激发出的对大学英语教与学的能量。因此，生态主体之间（种群内部及种群之间）的精神或心理、氛围或感觉等体现了大学英语教学系统中的能量流动，如图2-2所示。

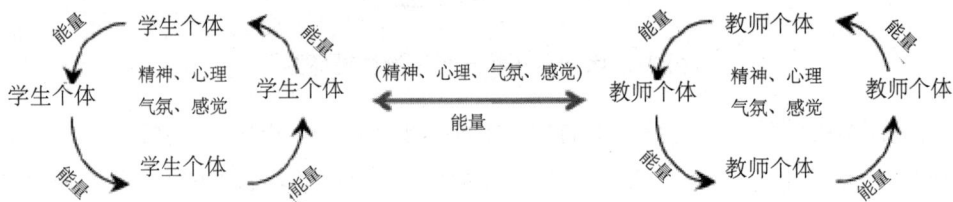

图2-2　大学英语教学系统能量流动图

　　种群内部的能量流动分别表现在学生与学生之间、教师与教师之间。首先，在学生种群内部，学生个体为了完成学习任务、提高语言实际运用能力会与搭档或小组成员进行密切和经常的互动、协作，在这一过程中，任何一个学生的精神状态和心理变化都会影响到他人的感觉或小组的氛围。如果某个或某些学生表现出对语言学习任务或主题的浓厚兴趣，这种正面的能量势必能在无形中传导给他人，进而形成浓厚的学习气氛，也有利于学生种群内部的良性合作与竞争，反之，学生种群内部如果受到负面情绪的影响就会消弱英语学习的能量。对教师种群来说，能量的流动蕴含在不同教师的教学态度、教学能力和教学合作性上。如果教师拥有严谨和端正的教学态度、较高的教学能力以及积极的教学合作性，那么就有利于整个教师团队的发展和建设，增强教师之间积极能量的转化和传递，进而成为大学英语教学的动力；反之，教师之间消极的态度和固步自封的教学不仅不利于教学能力的提高，也无法转换成顺利推动大学英语教学的能量。

　　种群之间的能量流动主要体现在师生间的相互作用、相互影响的过程中。教师若能在教学中体验到学生的崇拜、爱戴等情感，便会产生一种成就感和自豪感，会进一步激发其英语教学的热情和能量，当然这种热情和能量反过来又会影响到进行英语学习的学生。学生在教师教学热情的感染下，在教师的鼓励和欣赏下，能够产生一种自信心和幸福感，进而转化为学习英语的动力和能量，这种能量又会在无形中传递给教师，形成良性的能量流动，促进师生学习生命的可持续发展。

（三）大学英语教学系统中的信息传递

大学英语教学系统中除了有物质循环和能量流动所形成的物质流和能量流以外，还拥有信息流，而这是由该系统内各生态因子之间的信息传递来实现的。频繁的信息传递把系统中各因子紧密地联系在一起，形成了一个有机整体，维系着大学英语教学系统的动态平衡。从某种意义上说，大学英语教学的过程在很大程度上就是信息交换、反馈和传递的过程，这其中包括教学过程中的各种信息在各生态因子之间的传递，如图2-3所示。

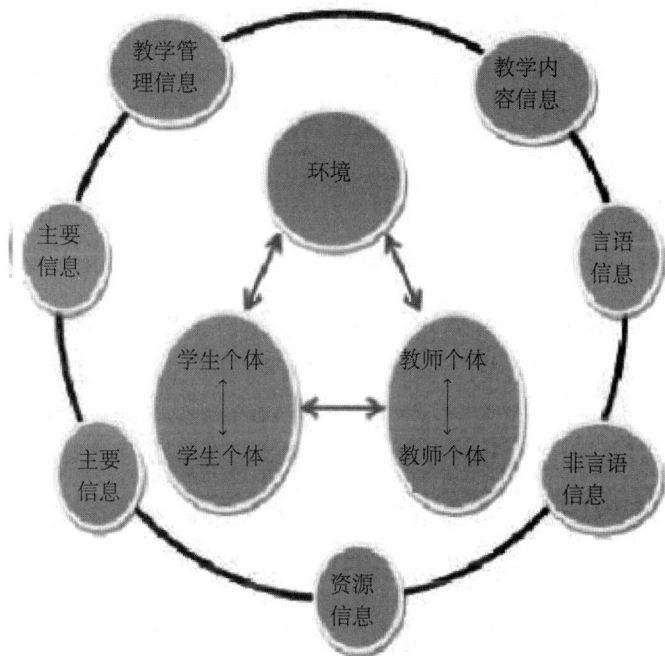

图 2-3　大学英语生态系统信息传递图

大学英语教学系统中包含着各种各样的信息，有教学内容信息、教学管理信息、资源信息、言语信息、非言语信息、主要信息和次要信息等，这些信息的传递又周而复始地发生在生生、师生以及师生与环境之间。在学生与学生之间的合作和竞争中，学生通过互相的对话、讨论和评价实现着相互之间的信息交换与传递，也促进着个体对语言知识的理解与建构；教师通过团队中集体备课等形式，通过各种会议的交流与学习，也通过问题的商讨与解决体现着教师之间信息的传递；教师利用各种教学和信息资源，借助计算机多媒体等技术手段，在授课、指导和管理的过程中，以语言或非语言的方式向学生传递着各种信息；另一方面，学生在大学英语的学习过程中并不是被动地接受，而是一种更为主动的探索和学习的过程，因此，学生会对教师提供的信息做出反馈，同时也会为教师提供相应的信息；再者，师生与环境之间也进行着不断的信息交流，大学英语所形成的语言环境有助于学生英语知识的增加和技能的提高，有利于学生英语综合运用能力的提升。除此之外，师生还与大学英语教学系统外部的环境、生态因子或生态系统进行着信息交流，获得源源不断的资源与能量。同时需要指出的是，大学英语教学生态系统的信息传递不是单向的，而是双向的、多维的；不仅有从教师到学生、从教师到环境、从学生到环境的信息流动，也有从学生到教师、从环境到师生的信息反馈，也正是由于这种立体式的信息传递，才保证了大学英语教学生态系统中信息流的畅通，从而促进该系统健康、稳定的发展。

总体而言，虽然大学英语教学系统的构成有其特殊性，拥有独特的主体和环境，但是它与其他系统一样，都有着物质循环、能量流动和信息传递的功能，系统内流淌着源源不断的物质流、能量流和信息流。也正因为如此，在生态学视角下，大学英语教学系统是一个相对独立、完整、动态和开放的生态系统，是适合利用生态学的原理和方法进行分析与优化的。

（四）大学英语教学系统中的网络环境

当前是信息社会，学校的教学活动深受社会环境的影响。环境总是与一定的空间或范围有关，有大有小。杨海娟（2012）认为，从小的角度看，网络环境可以理解为"学习者在追求学习目标和问题解决的活动中可以使用多样的工具和信息资源并相互合作和支持的场所"。从大的方面去理解，网络环境可以包括整个虚拟的现实世界，即赛伯空间（cyberspace）。刘先俐（2008）认为网络环境下的教学必须考虑以下要素：①设施，如多媒体计算机、多媒体教室网络、校园网络、因特网等；②资源，为学生提供的经数字化处理的多样化、可全球共享的学习材料和学习对象；③平台，向学生展现的学习界面、实现网上教与学活动的软件系统；④通讯，实现远程协商讨论的保障；⑤工具，学生进行知识建构、创造实践、解决问题的学习工具。[①]本文认为，从教学的角度来看，网络环境是指多媒体计算机和网络硬件以及与之相适应的软件资源所组成的一个总体，是将传统课堂教学与网络教学优势互补的一种双重的现代化的教学环境。在网络环境下，积极开展网络教学具有重要的意义：一方面，通过网络教学可以使学生获取丰富的学习资源，学习方式也灵活多样，如合作学习、自主学习、发现学习、探究学习等；交互方式也有多种形式，如利用留言板、聊天室、电子邮件、微信或微博等，可以进行生生、师生、师长、师师交流，这种交流可以打破传统教学活动中的时间和空间限制。

网络环境下教学生态指的是运用网络工具，从多个角度对教学活动进行支持与测算。从前面的论述可知，教育主要包括教育目标、教育方法、教育内容、教育参与主体、教育评价结果五个方面的内容。网络环境下的教学，必须充分发挥网络工具的作用。

张敏（2015）就将网络教学的基本方法予以评价，即形成性评价法、诊断性评价法、

---

① 包庆德，刘桂英. 开启生态时代：从生态学到生态哲学 [J]. 内蒙古社会科学（汉文版），2002（03）：30.

终结性评价法应用到了英语阅读教学中，对英语阅读教学的效果进行了评价。虞燕（2017）将多元评价的基本理论应用到了英语教学过程中，她认为可以从评价目标多层化、评价内容多样化、评价主体多元化、评价手段多维化四个方面，对英语阅读教学进行多元评价。[①]孙宁（2008）就多维评价体系在大学英语阅读教学中的应用问题展开了研究，他认为可以用形成性评价为主、诊断性评价和终结性评价为辅的方法，对大学英语阅读教学进行评价。[②]这些成果表明，利用网络技术为手段的多维评价的理论和框架，在英语阅读教学领域已经得到了一定程度的应用。

第四节　大数据对大学英语课堂生态的影响

以计算机网络为核心的大数据技术作为一个新的生态因子进入大学英语教学生态系统必然会与系统内的其他生态因子相互作用，引起各生态因子的变化，进而改变彼此发生作用的方式甚至功能。正是基于此点，本部分将对新的环境下大学英语教学系统中主要生态因子究竟发生了何种变化进行分析。

一、大数据对英语教学目标的影响

教育部高教司颁发的《大学英语课程教学要求》中对教学目标做了如下说明——"大学英语的教学目标是培养学生的英语综合应用能力，特别是听说能力，使他们在今后学习、工作和社会交往中能用英语有效地进行交际，同时增强其自主学习能力，提高综合文化素养，以适应我国社会发展和国际交流的需要"。笔者通过对河南三所高校进行走访发现，三所高校的大学英语教学也以此为指导，具体说来各校规定如下。

甲高校对大学英语教学目标的说明与《大学英语课程教学要求》的规定只有个别语句的稍加改动，只是把"培养学生的英语综合英语应用能力"具体地说明为"培养学生包括听、说、读、写、译等方面在内的综合应用能力"。另外由于甲高校实行了分级教学（分级情况的调查将在"教学要求"部分做详细说明）的模式，其对各级别大学英语的教学目标也做出了不同说明，以一级班的大学英语教学目标为例，详细情况如下：掌握新词和词组1000个以上，其中500词汇为积极词汇，要求全面掌握，其余部分达到领会式理解。听、说、读、写、译的具体标准包括：①读：能够顺利阅读难度适中、1000

---

① 戴宁.企业技术创新生态系统 [D].哈尔滨工程大学硕士学位论文，2010.
② 李炯.产业集群的生态演化规律及其运行机制研究 [D].吉林大学硕士学位论文，2008:17.

字左右的一般性题材的英文文章，掌握中心大意以及说明中心大意的事实和细节，阅读速度达到70wpm，准确率为90%。快速阅读难度略低的文章，能掌握中心大意及有关细节，阅读速度达到 90 wpm，准确率为75%。②听：能听懂语速为 110wmp 的日常会话、报道等。如能听懂慢速英语新闻、专题报道等的广播及电视节目，掌握大意和相关细节。③说：能在有所准备的情况下就某一主题、图片或所学课文内容进行连续 3 分钟左右的简短发言。如能就所学的语言知识或就讨论的话题发表自己的想法、对图片进行描述、对所学课文进行复述。表达基本清楚，语音、语调基本正确。④写：能在 30 分钟就各种题材写出 100—120 词的短文，内容基本完整，语言基本正确，比较有条理，句子较连贯。⑤译：能借助词典就一般题材的单句或段落进行英译汉或汉译英翻译，译文较通顺，意思表达基本正确。除此之外，甲高校只有对每节课或每个单元的教学方式、内容及作业等的简要说明，没有对于课时和单元目标的概述。

乙高校大学英语的建设目标是"培养学生的英语综合应用能力，特别是听说能力，使他们在今后的工作和社会交往中能用英语有效地进行口头和书面的信息交流，同时增强其自主学习能力，提高综合文化素养，为研究型创新人才的培养打下良好的英语语言基础"。该校同样也实行分级教学，其中针对一、二级学生的大学英语教学目标为："为学生在今后工作和生活中能读懂一般性题材的英文文章，完成段落的写作任务，借助词典对题材熟悉的文章进行英汉互译打好前期语言基础。该课程在大学本科第一学期和第二学期开设。通过本阶段的学习，使学生向教育部对本门课程的基本要求过渡。"该校的教学日历中也没有对课时和单元目标的描述，仅有对授课内容、重点、难点和作业等的说明。

丙高校的教学目标与《大学英语课程教学要求》中的要求一致，只是把其中的"有效地进行交际"细化为"有效地进行口头和书面的信息交流"。此外，该校还对大学英语教学改革的目标做了较为详细的说明：把原来以阅读理解为主、兼顾听说改为以听、说为主，全面培养学生的英语综合应用能力，使学生在今后工作和社会交往中能用英语有效地进行口头和书面的信息交流，同时增强其自主学习能力，提高综合文化素养，以适应我国社会发展和国际交流的需要。建立新的教学、科研及教师进修机制，把比较繁重的课时减下来，使教师有更多的精力进行教学研究，开展专业英语教学，提高课堂教学质量。其预期效果是：①初步确立现代电子技术与课堂教学相结合、以学生自主学习为主的全新教学模式。② 较大幅度地提高学生综合应用语言的能力，尤其是听说能力，逐步改变"聋子英语"和"哑巴英语"的状况。③使教师从传统的、过于繁重的课堂教学压力下得到一定程度的解脱，抽出更多的时间进行教学研究及业务培训，开展大学英语后续教学。④为其他高校提供借鉴经验，以推动全国大学英语教学改革。该校虽然也实行了分级教学，但没有关于不同级别的教学目标的说明，其课程说明书中虽然有对教学目标的描述，但也不是针对每节课、每个单元的说明。

通过对河南三所高校的分析可以发现，虽然各高校对各级别教学的目标、单元目标和课时目标等有不同的规定和说明，也有不够完善、详尽之处，然而其大学英语课程的目标却是一致的，都是以《大学英语课程教学要求》的教学目标为依据。传统的大学英语要么以培养学生较强阅读能力、一定的听的能力和初步的写和说的能力为中心（1986年大纲），要么培养学生具有较强的阅读能力和一定的听、说、写、译能力为主（1999年大纲）。很明显与传统的大学英语教学相比，不管是从教育部政策的制定还是从各高校具体的教学目标来看，大数据时代大学英语教学的目标已经发生了变化，不仅仅只是关注学生阅读能力的培养和知识的传输，而是把重点放在学生英语听、说能力和英语综合应用能力的培养上，在强调语言基础的同时，重视培养学生英语实际应用和交际能力。该教学目标中不仅有语言学习和技能的内容（听、说等技能）、学习目的的内容（综合运用能力、有效交际）、学习策略和方法的内容（自主学习等），也涵盖了情感态度（包括文化素养、适应社会和国际的需要，即要有祖国意识和国际视野）的要求，这几个因素有着相同的目标，彼此联系、相互支撑，在一定程度上也是生态学平衡观的体现。语言学习和技能是达到学习目的（英语综合应用能力和有效交际）的先决条件；学习策略和方法是语言学习和技能发展的必要条件；情感态度是促使学生学习、达到教学目标以及实现学生全面发展的内部驱动力，因此，只有这几个因素全面发展，才能实现教学目标体系的生态平衡。

二、大数据对英语教学要求的影响

《大学英语课程教学要求》中对教学要求的规定是："大学英语教学应贯彻分类指导、因材施教的原则，以适应个性化教学的实际需要。大学阶段的英语教学要求分为三个层次，即一般要求、较高要求和更高要求。这是我国高等学校非英语专业本科生经过大学阶段的英语学习与实践应当选择达到的标准。一般要求是高等学校非英语专业本科毕业生应达到的基本要求。较高要求或更高要求是为有条件的学校根据自己的办学定位、类型和人才培养目标所选择的标准而推荐的。各高等学校应根据本校实际情况确定教学目标，并创造条件，使那些英语起点水平较高、学有余力的学生能够达到较高要求或更高要求。"在此精神的指导下，各高校都根据自己的实际情况确定了各自的教学要求。

甲高校的教学要求表述为"为了突出'分类指导，因材施教'的特点，根据甲高校新生入学的英语水平，大学英语教学分为三个阶段：基础阶段、提高阶段和后续（专业英语）阶段。基础阶段与提高阶段的教学要求又分为三个层次：一般要求、较高要求和更高要求"。相应的，针对不同阶段的教学要求，该校根据新生入学后英语分级考试的成绩，把学生分为一级班、二级班和三级班（一级班学生的英语水平相对较差，二级班学生的英语水平为中等，三级班学生的英语水平较高）。对于每个级别的学生应达到的要求，甲高校是按照《大学英语课程教学要求》的教学要求进行规定的，比如在基础阶段与提高阶段的一般要求是：①能听懂英语授课、日常英语谈话、讲座、慢速英语节目，语速为每分钟130—150词左右；②能在学习过程中用英语交流、讨论、交谈和简短发言，表达比较清楚，语音、语调基本正确，能使用基本的会话策略；③能够基本读懂一般性题材的英文文章，阅读速度达到每分钟70—100词，能使用有效阅读方法基本读懂国内英文报刊和常见的应用文体的材料；④词汇量应达到4795个单词和700个词组，要求学生能够在认知的基础上学会熟练运用，包括在口头表达以及书面表达两个方面等等。

乙高校由于不是教学改革的试点院校，同时也由于其学校的性质（工科类）导致了大学英语的教学并没有受到足够的重视，出现了一些混乱或滞后的现象，因而笔者未能找到有关教学要求的明确表述。根据笔者对该校教师的访谈得知，该校教学要求采用的是《大学英语课程教学要求》的标准，与甲高校相同，该校新生入学后会按英语成绩分为不同的等级，而针对不同等级的学生也有不同的要求，比如一、二级学生必须修完大学英语四个学期的课程，而三级班的学生在最后一学期时可以根据自己的兴趣和水平选择后续课程。

丙高校的教学要求为："我校大学英语教学要求分为三个层次，即一般要求、较高要求和更高要求。这三个不同层次的要求是我校非英语专业本科生经过大学阶段的英语学习与实践应当选择达到的英语水平标准。其中一般要求是每个大学毕业生必须达到的目标。较高要求和更高要求是对那些学有余力、英语基础较好、达到《高中英语课程标准》八级或九级的大学新生分别设置的。这三个要求包括英语语言知识、应用技能、学习策略和跨文化交际等方面的内容。"该校以学生高考英语单科成绩和入学英语摸底考试成绩为分级依据，将学生分为A、B、C三个等级进行教学。入学英语成绩达到二级水平的学生为A级，入学英语成绩达到一级水平的学生为B级，达不到一级水平的学生为C级。通过四个学期的学习，A级的学生英语水平要达到《大学英语课程教学要求》规定的较高要求，B级和C级两个级别的学生的英语水平要达到《课程要求》规定的一般要求。一般要求、较高要求和更高要求的具体内容也同甲高校一样，采用了《大学英语课程教学要求》的说明。

综上所述，尽管客观条件和实际情况不同，尽管在教学要求的计划与制订上存在着这样或那样的问题，本研究所调查的三所高校的教学要求都体现了因材施教、分类指导等原则，按照一般要求、较高要求和更高要求采取分级教学的方式，对不同英语水平的学生提出不同的要求。而在新一轮的教学改革开始之前，全国各高校大学英语的教学要求几乎都是统一的，更不用说按照学生的水平分别安排教学，设置教学要求。目前我国大学英语教学要求上的这种重大变化也是保持生物多样性和尊重生态主体的表现。首先，在我国教育生态系统中，各个高校就是一个个具有生机和活力的"生物"，世界上没有也不可能有两种完全一样的生物，同样的也不会有完全一样的高等学校，各个高校由于所处的地理位置、办学条件、办学理念、教育理念、教育传统、师资构成、学生来源等种种的不同，就决定了会有千差万别的各所高校。也正是由于这一点，当今教学要求的制定赋予了各高校充分地自主权，要求其根据自己的特点和情况制定符合本校实际情况的教学要求。其次，学生作为大学英语教学系统中的生态主体之一更是千差万别，每个学生都有自己的特点、习惯和性格等，是个性化的、生命化的有机体，也因而不可能用同一种标准去要求每一个学生。不同的教学要求针对不同英语水平的学生，这就在最大程度上赋予了生态主体发展的空间，尊重了学生个性的发展，从而也有利于促进学生能动性、主动性和创造性的发挥。

三、大数据对英语教学模式的影响

新一轮大学英语教学改革的核心和关键就是教学模式的改革，不仅提出了全新的教学模式，即"基于计算机和课堂的英语教学模式"，而且在《大学英语课程教学要求》中用了较大篇幅来说明：各高等学校应充分利用现代信息技术，采用基于计算机和课堂的英语教学模式，改进以教师讲授为主的单一教学模式。新的教学模式应以现代信息技术，特别是网络技术为支撑，使英语的教与学可以在一定程度上不受时间和地点的限制，朝着个性化和自主学习的方向发展。……各高等学校应根据本校的条件和学生的英语水平，探索建立网络环境下的听说教学模式，直接在局域网或校园网上进行听说教学和训练。……为实施新教学模式而研制的网络教学系统应涵盖教学、学习、反馈、管理的完整过程，包括学生学习和自评、教师授课、教师在线辅导、对学生学习和教师辅导的监控管理等模块，能随时记录、了解、检测学生的学习情况以及教师的教学与辅导情况，体现交互性和多媒体性，易于操作。

甲高校的大学英语教学对传统单一的课堂教学模式进行了改革，采用基于计算机和课堂的英语教学模式。突出了以下三个特点：①现代化信息技术与课堂教学相结合：基础阶段的视听说课要以计算机辅助教学为主，配合教师的辅导；读写译课以课堂教学为主，尽量使用多媒体课件辅助教学。②课堂教学与开放式自主学习相结合：要利用计算机和互联网技术向学生提供现代化自主学习环境，充分调动学生自主学习积极性，引导他们在完成课堂任务的同时，利用自主学习中心和其他条件，根据教学要求和自己的水平和兴趣，选择合适的内容和材料进行自主自学。③第一课堂教学与第二课堂活动相结合：要大力加强第二课堂建设，充分发挥校园电台、视频广播、校园网等的作用，强化实践环节，营造理想的英语学习氛围。

乙高校利用计算机和网络技术改革教学手段：①充分运用多媒体教室，引入与教材配套的教学课件，丰富教学资源，加大语言信息输入量，使学生尽可能多而广地接触更多的信息资料，增加学生学习英语和了解英美文化的直观感。②鼓励教师自己动手制作多媒体课件，将听、说、读、写融于"一堂"，对学生进行全方位的英语教学。③合理利用校园网，使学生能自主选择适合自己需要的学习材料，弥补传统课堂听说训练的不足，从而促进学生积极学习，培养学生独立思考自主学习能力。

丙高校使用先进的信息技术，推进基于计算机和网络的英语教学，为学生提供良好的学习环境和条件，并逐渐摸索出了具有本校教学特色的"基于网络的视听说训练＋大班多媒体读写译教学＋小班口语交流"的教学模式（见表2-1），此外在所有课程中都不同程度的有信息技术的参与，比如：①读写译课程固定时间、地点在多媒体教室上课。②听、说课程，学生固定时间、地点上机学习。③教学辅导：学生每上机学习16学时，教师辅导1学时，教师定期网上在线辅导。④课外活动：大学英语电台每天播放听力课程及有关材料；全天开放已有的语言实验室；学校开通CCTV-9英语频道。

表2-1　丙高校的大学英语教学模式

教学模式	基于网络的视听说的"立体化"教学	基于多媒体的读写译"交互式"教学	基于小组活动的口语交流，"协作式"教学
学生规模	大班≤70人	大班≤70人	小班≤40人
使用目的	个人自主学习，强调听说训练	教师主题式教学，注重学生读写译技能训练	小组课下准备，课堂活动展示，强调口语基础训练
实施过程	教师指导、监控下的自主学习、资源共享	教师讲授为主，学生围绕相关主题进行个人观点陈述或pair-work	学生基于任务的pair-work，team-work，class-performance，etc，教师点评
实施效果	突出了学生自主学习能力的培养	体现了教学的师生交互性优势，有利于及时发现并解决问题	提高了学生的参与意识、交际能力和团队协作能力

此外，三所高校各种课程的教学均是在计算机多媒体教室内进行的，教师的讲授和学生的活动大多数情况下都是在信息技术的帮助下实现的。由上述资料分析可知，以计算机网络为核心的信息技术已经成为当前大学英语教学中的必要因素，扮演着越来越重要的角色。陈坚林教授指出"计算机在外语教学中正在从辅助走向'主导'，是构建生态化教学环境（计算机信息技术、教学内容、教师、学生）一个必不可少的有机组成部分"。然而信息技术作为大学英语教学生态系统中新的生态因子，必定要与系统中原有生态因子发生作用，从而对其产生影响，引起整个教学生态系统的变化。因此能否处理好各生态因子之间的关系，信息技术能否找到自己合适和正确的生态位至关重要，关系着新教学模式是否能够真正实施和推行，以及推行的模式问题。

四、大数据对英语教学方法的影响

长期以来，我国传统的大学英语教学方法关注的是教师的"教"，而忽略了学生的"学"；重视的是教学的结果，而忽视了学习的过程；教学活动完全按照教师的事先预测与计划进行，教学过程也完全在教师的掌控之中；学生只是机械地听从教师的讲解，参与教师主导的有限的话题和活动，学习过程只不过是知识的简单传递。在这种教学方法的影响下，大学英语教学久而久之出现了很多弊端，也引起社会的争议。随着社会和时代发展需要的变化及教学模式的变革，教学方法也必须做出相应的改变。因此，各高校纷纷采取措施，在教学过程中不断探索符合教学实际和学生发展的教学方法。

对大数据网络教学环境下大学英语教学方法的使用，本研究进行了实地调查，通过对甲高校听说课的课堂观察发现，不同于传统教学中教师讲课（或讲解）占绝对统治地位的情况，现代教学中计算机多媒体的利用几乎贯穿整个教学过程，而且展现为多种形式，包括 PPT 文字展示和视频、音频的播放。在笔者所观察的两个课时内（约 100 分钟），音频视频播放次数大约为 11 次，共 25 分钟，占总时间的 24%；也在 24% 的上课时间内采用学生讨论等合作学习的方式；以问答方式进行教学的时间占 11%；此外还采取了课件展示、头脑风暴、跟读及情景表演等多种方式进行教学。

而在丙高校的"基于网络的视听说训练＋大班多媒体读写译教学＋小班口语交流"的教学模式中也采取了多种形式的教学方法，据笔者在该校访谈的老师介绍：视听说课程中，围绕提高学生的听说能力和自主学习能力，主要采用了"立体化"的教学方法，进行多方面的人机交互、师生互动；在读写译课程中采用的是"交互式"教学方法，教师采取主题式教学，以讲授为主，要求学生围绕相关主题进行个人观点陈述等；口语课程中多采用的是"协作式"的教学方法，由教师事先布置学习任务，而课堂中以活动展示、教师点评等形式为主。

在计算机多媒体支持下采用的形式多样、内容多元化的教学方法能够提供多种教学情景，为学生进行合作活动和发展合作提供机会，也是生态化大学英语个性化、开放性和多样性的体现。教师根据教学内容设计的多维度、多形式的活动，如头脑风暴、小组讨论、对话表演等，使学习者通过感知、体验、实践与合作等形式主动建构知识脉络，也有利于在交流学习中培养学生的合作能力，发挥群体作用。同时，多种教学方法的采用也有利于活跃课堂气氛，有利于形成学生人格发展的生态氛围，因此多种或生态化的教学方法也是实现学生生命健康成长的重要途径。

现代信息技术引入大学英语教学，促使了多种教学方法的产生，固然有着传统教学所不能达到的优势和特点，但这并不意味着要全盘否定传统的教学方法。具体教学方法的使用，需要教师根据教学内容、学生的特点、教学资源的情况等具体问题具体分析，探索个性化、动态性的教学方法。

五、大数据对英语教学内容的影响

任何教学活动都是以其教学内容为基础的，而教学内容的主要载体就是教材，因此，教材成为本研究的对象之一。纵观我国大学英语的教材发展，根据时间可划分为四代：第一代教材从 1961 年到文化大革命前，主要有《高等工业学校英语》《文科英语》《理科英语》等，这些教材都以课文分析为主，以语法为纲，重点是培养学生的阅读能力；

第二代教材从 1979 年到 1985 年，主要有《英语 (理工科通用) 》《英语教程 (理工科用) 》和《英语 (非英语专业用) 》等，这个时期的教材仍然遵循第一代教材的模式，只不过在教学形式上有所改变，部分教材开始注重听、说、写的兼容；第三代教材从 1986 年到 20 世纪 90 年代中期，包括《大学英语》《大学核心英语》《新英语教程》《现代英语》等。这一代的教材开始按大纲要求编写，根据分级教学，每级一册，并分为"精读、泛读、快速阅读、听力、语法与练习等五种系列教材"。从 20 世纪 90 年代后期开始出现了第四代教材，例如《新编大学英语》《新视野大学英语》《大学体验英语》《新时代交互英语》和《大学英语 (全新版) 》等。陈坚林教授指出前三代教材注重阅读能力的培养，并且教材系列化，分工越来越细，听、说、读、写基本各成一体；而第四代有了非常大的变化和进步，不仅教材编写理念较为先进，而且开始利用现代信息技术，从单纯的纸质平面教材向音、视频、光盘和网络版教材发展，呈现立体化的趋势。

本研究调查了河南三所高校目前使用的教材，甲高校读写课程使用的教材是《全新版大学英语 (第二版) 》，视听说课程使用的是《新标准大学英语视听说》；乙高校精读课使用的《新世纪大学英语》、视听说课程使用的《新视野大学英语 (视听说教程) 》；丙高校使用的是《新视野大学英语——读写教程》和《新时代交互英语——视听说》。通过分析这些教材可以看出来，现阶段的教材突出的特点之一就是都有与之相对应的光盘、课件和网上学习系统，呈现了教材的信息化特点；此外从教材内容上看，现阶段的教材注重听、说、读、写、译各种技能的均衡发展，在练习的编写上不仅有语法点、单词用法的强化，还侧重于运用技能的操练。再次，教材中的某些内容已经注重和现实生活的联系，也对不同文化的内容有所体现，在一定程度上具有针对性的语言实践活动的材料，所有这些特点相对于以往的教材来讲，都体现了当代教材的巨大进步。

通过课堂观察还发现教学内容发展的两个重要趋势：第一，当下教师所教授的内容已经不仅仅局限于教材，而是充分利用网络多媒体的技术和条件，尽可能多地收集与某些教学主题相关的资料，力争做到教学的信息化。比如，甲高校的张老师在讲授"Money Talks"这一单元的内容时，在围绕英国伦敦所展开的话题中，向学生展示了一段介绍"伦敦金融城"的视频和音频资料，使学生有了直观的感受，引起了广泛的兴趣和热烈的讨论。课后经笔者和张老师的谈话得知，这段视频资料是该教师在备课时从 BBC 的网站上选取并下载的。第二，教学内容越来越突破教材的限制，体现出生活化的特征。笔者在听取甲高校万老师的课程时正值万圣节前后，所以万老师利用这次机会，在教授教材内容之前，把自己事先做好的有关万圣节内容的 PPT 展现给学生，并引导学生思考和讨论有关的西方文化知识，扩大了学生的知识面，有利于提高学生的文化素养。所有以上教学内容的变化都体现了大学英语教学正在向多元化、系统化和生态化方向发展的趋势。

六、大数据对英语教学师生角色的影响

在传统的大学英语教学中，教师是绝对的权威，处于中心的位置，教师决定学习的一切：决定学习的课程、控制讲课的节奏、控制师生间的交流、决定谁有说话的机会、决定他们什么时候说、说什么。教师的角色是知识的拥有者、传授者；学生的知识来源主要是教师和课本，扮演的角色类似于接收器，只是被动地接收，实际应用英语的能力较差。然而随着各种外语教学方法，如听说法、交际法、任务教学法等的出现和盛行，师生角色也在发生着变化，特别是进入新世纪，随着"计算机整合于外语课程，成为整个课程系统的一个有机组成部分，力求给学生提供更多自主地参加活动、进行真实语言交际的空间"，大学英语的教学理念、教学方法和模式等都发生了巨大的变化，而这些也促使师生角色必然发生根本性的变化。

新世纪教师的角色可归纳为促进者（facilitator）、咨询者（counselor）和资源提供者（resource-provider）。陈坚林教授认为教师的角色应当被动态的定位，具体为："课前角色——课程设计者和开发者；课中角色——课程讲授者和组织者，培训者及评价者；以及课后角色——协助者和学习资源提供者。"笔者也对教师角色问题进行了问卷调查：比如，在教师问卷中，针对调查问题"您在实际教学中的角色是？"有71%的教师选择了"知识的传授者"，64%的教师选择了"评价者"，58%的教师选择了"组织者"，45%的教师选择了"协助者"，51%的教师选择"引导者"，43%的教师认为是"学习资源的提供者"的角色，41%的教师选择"设计者和开发者"，31%的教师认为自己是"培训者"的角色等。

可见教学环境的变化使教师在承担了讲授者的角色之外，还被赋予了多重角色，教师利用多媒体网络技术可以自由地选择与教学内容相关的各种视频、音频等材料，开发各种资源，重新组合和设计相关教学内容和环节，组织学生进行有效的英语学习，因而具有教学开发者、组织者和设计者的角色；另一方面，现阶段的学生可以利用网络等渠道获取其需要的几乎所有的知识和信息，然而由于学生年龄、经历、阅历等的原因，加之其对教学目标、教学过程不甚了解等原因导致其是离不开教师的协助和引导的。而基于网络多媒体的特点，教师不仅要提供给学生各种与英语学习的资源，还需要帮助学生分析和选择；针对学生在语言运用和网上学习等方面遇到的理解上和技术上的问题，教师不仅要帮助学生解决问题，还要对学生的能力进行相应的培训；最后，任何一种教学都离不开评估，适当的评估是促进教学的有力手段，教师作为一个重要的评估者要改变应试教育的价值观，避免以分评人，要把形成性评估和终结性评估有效结合，把评估结果作为促进学生学习和发展的有力手段。

相应的在计算机网络的教学和学习环境中，学生的角色也必定会发生变化。首先学生已经有了信息收集者和处理者的角色。在计算机网络高度发达的今天，学生能够以较快的速度和较全面的方式从网络上收集到所需的信息，从而也促进了学习效率和学习

积极性的提高；另一方面由于教学方式的改变，学生有了更多的机会利用信息技术来完成学习任务，比如高校听说课的朱老师对课文中出现的一个知识点没有做过多的讲解，而是要求学生在课下利用信息技术自己收集和整理相关资料，以 PPT 或口头陈述的形式在下一次上课时由同学代表向全班汇报，而其他同学要根据自己收集到的资料做补充说明。这一过程有利于促进学生的自我学习，挖掘其学习的潜能，也进一步强化了学生收集和整理信息的能力。其次，学生在学习中还扮演着合作者的角色。一方面学生是教师的合作者。目前大学英语的教师已经不像传统学习中的教师那样只是一味地教授知识，而是改变了教学策略和手段，赋予学生自由、充分地发表自己见解的机会，师生正是在这种相互启发、相互补充、相互促进的过程中达到对知识的正确而深刻的理解，学生越来越成为教师教学的合作者。另一方面，学生也是同伴之间的合作者。现代英语教学提倡促进学生自我学习能力的发展，因而很多教学任务都采取了教师布置题目，学生与其他同伴或小组成员共同完成的方式。在小组的合作学习中，学生之间相互帮助、相互借鉴，每位成员都为完成学习任务贡献自己的一份力量。再次，学生在一定程度上已经成为自己学习的建构者。在计算机网络的教学环境下，尤其是在自主学习的过程中，学生在很大程度上要自己决定学习的时间、学习的目标和学习的内容，即便是在网上学习内容相对固定的情景中，学生也可以根据自己的情况从中选择具体的学习内容。除此之外，学生还可以通过邮件、论坛、博客等多种方式适时地与他人进行交流，提出自己的问题和看法，在不断交流和思想碰撞的过程中实现知识的主动建构。最后，在当前的大学英语教学环境下，学生还拥有了评估者的角色。根据对三所高校评估体系的调查，学生都成为学业评估的一部分，不管是采取学生自评还是学生互评等其他手段，都在一定程度上促进使学生对自己的学习和表现有正确的认识，也能使他们在评价他人时对照自己，找出不足，进而进行改进，实现自我的健康发展。

第三章 大数据时代大学英语课堂生态失衡现状考量

大学英语教学的信息化是我国教育信息化的重要组成部分。基于信息化的大学英语教学改革自 2004 年正式启动以来，已经跨越了 18 个年头。在这 18 年的信息化进程中，现代信息技术与大学英语课程不断整合，部分走在改革前沿的高校英语课堂生态正逐渐从无序走向有序，从不稳定走向稳定。但是由于地域的差异和校情的不同，全国各个高校大学英语教学的信息化进程并不是呈平行发展状态，而是处在不同的发展阶段和不同的发展水平，教学中依然存在很多问题。如果从生态学的角度审视这些问题，可以得出大学英语课堂生态总体上还处在不同程度的失衡状态。

第一节 大数据时代大学英语课堂生态结构失衡

凡是系统皆有结构，世界上没有无结构的系统，也没有无系统的结构。结构合理就会组成稳定的系统，结构不合理就会组成不稳定的系统，结构从总体上反映着元素之间的有序性和组织性，它是系统协调或失调的内在根据，是系统能否实现其功能的根本前提。大学英语课堂生态在 2004 年改革之前基本处于平衡定态，系统内各生态因子（教学要素）经过长期教学实践的磨合，已经处于比较好的兼容状态，系统相对比较稳定，但同时也开始显露出一种惰性，课堂生产力开始降衰。大学英语信息化教学改革以来，由于现代信息技术的强势介入，课堂生态的环境因子发生剧烈改变，各生态因子之间的结构关系也随之发生变化。具体地说，这些变化主要体现在构成比重、交互关系和营养结构三个方面。

一、系统组分构成比重的失衡

课堂生态的最基本构成，即由课堂生态主体和课堂生态环境相互作用而构成。课堂生态主体的概念比较容易把握，是指系统中的生物成分——教师和学生，但是课堂生态环境的概念比较复杂，对一个特定学习者来说，课堂生态系统中的主体有时也会演化为对其产生重要影响的环境。总体来说，本研究倾向于从结构维度、关系维度和文化维度来理解课堂生态环境，主要包括课前生成的环境，如教室的自然物理环境、教师的教学水平、学生的基础、师生信息素养、教材和网络多媒体环境等，课中生成的环境，如师生关系、生生关系、师生对课堂环境的情感态度等，以及课后生成的环境，如班级学习风气、课堂教学规章制度等。

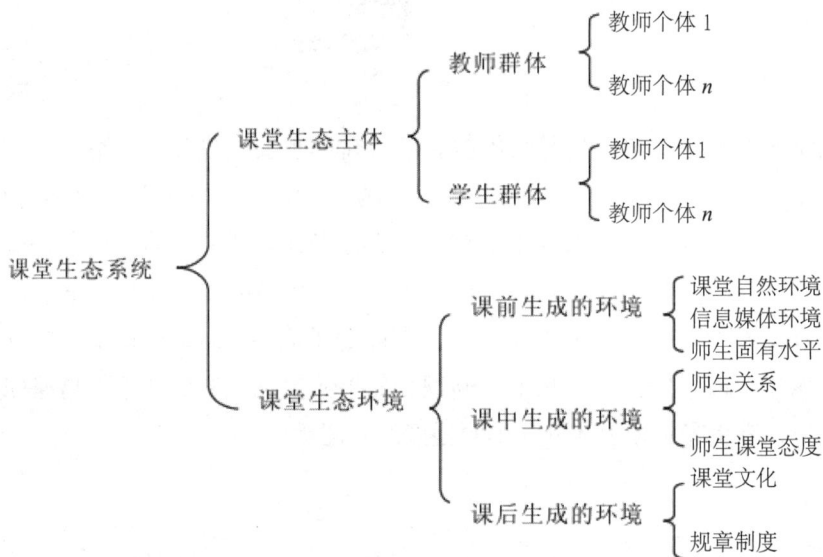

图 3-1 课堂生态系统的主要构成

    本小节主要从量变的视角审视课堂生态系统中各个组分所占比重的变化情况，这里的"量变"主要是指在程度上的逐渐变化，是相对于根本性的质变来说的。课堂生态作为一个系统，内部的因子是互相作用、互相制约的，因此现代信息技术的使用必然会给其他生态因子带来新的要求。换句话说，如果其他生态因子拒绝与信息技术因子同步协变，那么大学英语课堂生态系统的各个组分在构成比重上就会出现失调。形象地说，传统的大学英语课堂教学宛如一架处于平衡态的天平，当装有"现代信息技术"的那个托盘突然加大砝码，天平必然会失去平衡。若想使天平继续维持在平衡态，就必须让天平的另一个托盘里装载的元素在比重上发生相应变化，才能保持天平两端的平衡。课堂生态系统也一样，它的结构不应该是静止的，系统的演化需要结构进行适当调整，这种调整首先反映在各个组分的连锁量变上。改革以来，课堂环境中的巨大变化来自信息技术的大量使用，造成信息技术与其他生态因子之间比重的严重失调，最突出的表现是其他生态因子在量变上缺乏与信息技术的同步和协调，很多生态因子的调整变化显得滞后，联动效应迟缓。

基于计算机网络和课堂的大学英语教学改革于 2006 年在全国推广以后，各个学校都以现代信息技术的应用为改革突破口，试图将传统的讲授式课堂教学转变为基于信息化的建构式和共建式课堂教学，以提高大学英语的教学效果。现代信息技术的大量使用致使课堂生态系统中的环境因子发生显著变化，这时，为了保证系统的稳定，其他课堂生态因子必须做出相应的反应，但是遗憾的是，在这个过程中，很多教师没有及时转变教学观念，提高信息素养，也没有在课堂教学中调整课堂角色和制定信息化课堂管理规章制度等，学生也没能及时改变传统的学习方式，接受新的教学理念，适应新的学习环境等。由于这些课堂生态因子没有同步出现相应变化，课堂出现了现代信息技术的大量使用与教师教学理念更新缓慢、学生学习习惯变化缓慢、教师信息水平提高不快、学生信息素养提高不快、教学方法转变缓慢、学生学习自主性不高、课堂气氛依然沉闷、课堂教学依然以教师为中心等情况的不协调。这些不协调的状况严重阻碍了现代信息技术发挥自身应有的功能。现代信息技术犹如一匹良驹，但是指望这一匹好马拉动那么多的元素一起前进，很难形成一股同向合力，自然难以跑出理想的速度，因此出现了教学实践与改革预期之间的落差。

二、系统组分之间交互关系的失衡

现代信息技术在课堂教学中的使用，不但造成课堂生态系统中各组分的构成比重出现失调，而且还造成各组分之间的交互关系出现失谐。各组分之间的相互关系是纵横交错的，是一个网状结构。考虑到信息技术在课堂生态环境中所占的主导地位，也为了叙述上的方便，本小节在阐述生态主体之间的失谐之后，将以现代信息技术为主要立足点，阐述系统组分之间的失谐现象，具体包括教师与信息技术、学生与信息技术、教学模式与信息技术、教材与信息技术、教室布局与信息技术、教学内容与信息技术、教学评估与信息技术、教学管理与信息技术等因子之间的失谐。

（一）生态主体之间的失谐

在大学英语课堂生态中，生态主体呈网状交互，包括教师生态群体与学生生态群体、教师生态个体与学生生态群体、教师生态个体之间、学生生态个体之间、学生生态个体与教师生态群体之间的交互关系（见图 3-2），其中师生群体之间的交互关系最为重要。

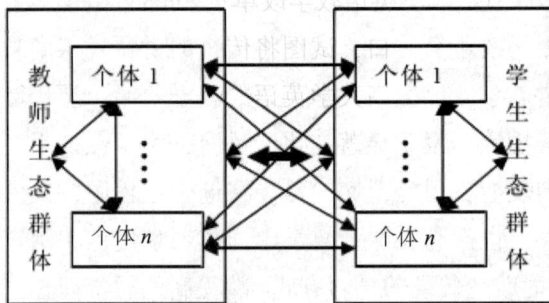

图 3-2　课堂生态主体网状交互关系

在生态课堂中，和谐的师生交互关系主要体现为目标与理念的一致、交流和交互的通畅、关系和谐和师生共生。然而，在信息化进程中，这些和谐的表征并不理想，师生之间存在失谐现象。首先体现在师生的目标与理念不太一致，存在交错现象。由于这次的改革是自上而下推行的，老师的目的是先改革，大量使用计算机网络等现代信息技术，开展网络教学，在改革中发现问题和解决问题，而对学生来说，改革不改革并非他们关注的事情，他们的愿望就是高效迅速地学好英语，师生目标不完全一致。反映在教学中，教师采用新的建构式教学理念，强调以学生为中心，注重学生的课堂参与，着重培养学生的自主学习能力，但对这些教学模式和教学方法上的改变，部分学生并不理解和接受，他们认为教师的课堂讲解是最快最有效的传授知识的方式，组织他们进行课堂讨论和放手让他们自主学习都是一种浪费时间的做法。鲍静（2008）对交互式课堂教学的调查分析发现，只有 15%~30% 的学生喜欢像小组讨论等形式的教学活动，50%~70% 的学生更喜欢教师面对全班学生的教学活动。而教师中"经常组织"此类活动的占 28.5%，"有时组织"占 57%。此项结果说明，师生都没有充分利用多种课堂交互活动以提高学生语言知识的综合建构。这也正反映出第二个失谐现象，即师生交互不足。

在教育生态系统之中，也存在着生态链，与自然界的食物链不同，教育生态链体现的是知识的传递过程，是学校、教师、学生共生共长的关系。具体来看，大学英语教学生态系统中并非只存在单一的生态链，而是多种生态链并存，不仅有以师生教与学为主的生态链，还有其他学生与学生之间相互交流的情感生态链等。也正是在多种类型生态链的支撑下，大学英语教学整个系统才能实现平衡。但从当前大学英语教学各个生态链的相互关系来看，却存在着生态链之间脱节的问题，其中最为鲜明的表现就是大学英语教学物质环境与学生需求脱节。由于大学英语教学师资、资金、教学条件等多种因素的限制，当前我国大多数高校在英语教学过程中主要采取的方式为大班授课的方式，这预示着大学所能提供的大学英语教学物质环境是十分有限的。而对学生而言，要充分掌握英语这项专业技能，显然需要更为精细的教学模式，远非大班的教学模式能够达到其要求，因为每个学生在英语学习过程中所面临的问题是不一样的，大班制的教学模式显然让教师难以做到因材施教。

在生态课堂中，当前大学英语教学师生互动存在一定的问题，其具体表现在以下几个方面。

一是老师们没有意识到大数据在师生互动中的作用。大数据多媒体技术作为现代计算机技术在教育领域的应用，其可以使教学方式和内容更加丰富，为老师与学生之间的互动搭建起新的桥梁。但当前老师们受制于传统的应试教育思想，在多媒体教学中并没有更多地去关注其对于师生互动所带来的变化，大部分老师仍然只是像传统黑板教学那样，偶尔与学生展开互动。

二是互动方式单一。英语教学的互动方式有很多种，比如老师与单个学生之间的互动、老师与全班学生之间的互动、老师与学习小组之间的互动等。但从前面的调查结果可以看出，在多媒体教学过程中，英语老师们常用的互动方式仍然是老师与单个学生之间的互动，这也限制了多媒体在促进初中英语课堂师生互动作用的发挥。

三是师生互动角色的错位。从前面的分析可以看出，按照建构主义的观点，知识并不是通过教师传授而得到的，而是利用必要的学习资料，通过意义建构的方式而获取的。因此，在师生互动中，主体应是学生。在多媒体环境下，多媒体是创设学习情景，使学生主动学习、协作、探索完成意义建构的认知工具，老师在这个过程中应扮演着引导辅助者的角色，以利用多媒体创设情景给学生思考的方向并进行讲解。但从我们的调查结果来看，多媒体课堂上老师仍然是课堂的控制者，让英语教学从传统的"人灌"变成"人机共灌"，这背离了师生互动的本质。

四是情感互动的缺失。多媒体大学英语课堂上的互动，老师将内容集中在了单词记忆、语法学习、听力训练这三个方面，而对语言交际、口语训练等方面的互动，却较为少见。语言交际互动、口语训练互动不仅仅有助于提高学生的英语实践能力，也有助于学生与老师、学生与学生之间进行感情交流，因此，从这个维度来看，当前大数据环境下大学英语教学中的师生互动是缺少情感互动的，这不利于培养学生对英语学习的兴趣。

在信息化改革进程中，由于大量使用网络教学，加之有些教学系统的师生交互功能并不健全，而且有一定的滞后性，同步交流比较困难，因此师生交流不够流畅，包括信息交流和情感交流。在信息语境下的教学缺乏情感的交互。现代信息技术不仅是用来传输知识的，也可以用来传统情感，实现师生之间的情感交互。但是目前，普遍存在网络教学中认知与情感的失谐。网络教学把"以学生为中心"和"学生自主"视为宗旨，将培养高智商人才作为自己的教育目标，关注如何向学生传授知识与技能，但却忽视了如何进行情感的交流。网络学习的情感培育很重要，但没有得到重视。有些老师很少甚至从不上网查看学生学习情况，从不针对学生的网络学习情况给予反馈，从不在网上给学习答疑解惑。这样，学生学习就会产生孤独感。还有一些老师对网络教学的理解存在误区，导致师生之间的交互大幅减少。这种交流和交互的减少不但影响了学生的学业成就，而且引起了第三个方面的失谐，即师生关系的失谐。

师生之间存在目标上的差异、理念上的不同、交互上的不足、交流上的不畅、师生比例上的失调、师生地位的落差等情况，影响了师生之间的和谐度。前几点已有所述，下面谈谈师生比问题。大学英语属于基础课，教师的主要任务是教学，因此绝大部分老师每周都要承担 10 节以上的教学课时（见表 3-1），这也就意味着每个教师要同时面对几个班级，要认识和了解的学生数量须以百计，不利于发展更加亲密和谐的师生关系。在师生地位方面，明显存在课堂生态主体的地位不平衡。一个原因是传统型教学的课堂依然存在，课堂主体单一，教师主宰课堂，学生处于被动服从的地位，第二个原因是中国传统教育的长期影响，导致学生习惯于沉默，习惯于听课，习惯于静静地思考，所以即使老师布置了一些课堂互动活动，也常常为如何调动学生的积极性而伤透脑筋。这种权威与服从的关系很难演变为一种更加平衡、和谐的师生关系。在这样的失谐环境中，教师和学生也较难实现共同成长。我们常说，学生是教师培养出来的，同时教师也是学生培养出来的，此所谓教学相长。在生态课堂中，教师的教学工作服务于学生的成长，同时，教师在教学过程中也获取养料，拓展自身职业发展的空间。当教师得到更好发展时，又能为学生提供更好的教学服务，这种良性循环就构成了良好的课堂生态。但是在信息化进程中，从教学管理角度讲，对教师的职业素养培训关注不够，难以与广泛应用的现代信息技术保持同步发展，难以实现师生共生。

表 3-1 大学英语教师实际平均周课时（取样学校 100 所）

实际平均周课时	学校数	比例（%）
小于等于 8 课时	10	4.5
9~10 课时	34	15.1
11~12 课时	73	32.4
13~14 课时	39	17.3
15~16 课时	43	19.1
大于 16 课时	26	11.6
总计	225	100

教师与教师之间、学生与学生之间也存在一定的失谐，这主要是由于不同教师个体和不同学生个体对大学英语教学的信息化持有不同的看法和解读，反映出不同的态度和不同的教与学行为，形成了积极支持并投入教学改革的一端和消极抵抗变革并且投入不足的一端，两端人员互相影响和牵制，阻碍了信息化课堂生态的演化。

立足于当前大学英语课堂教学课堂师生互动所存在的问题，本研究认为，可以从以下几个方面加强英语课堂中的师生互动。一是转变教学观念，坚持以学生为本。站在整个教学系统来看，多媒体只是教学系统中的一个要素，其只是英语教学的辅助工具，而在英语教学中占据主导地位的仍然应是学生。英语教学的目的不在于学生英语考试得了多少分，虽然在当前我国教育体制下，这一点难以彻底改变，但作为英语教师而言，应改变过去以分数为中心的教育理念，真正以学生为本，从提高学生的英语听、说、读、写能力的角度出发，积极运用多媒体与学生进行互动，提高学生的表达能力，这才应是英语教学的根本目的。也只有树立了这样的教学观念，大数据多媒体环境下的英语教学师生互动的现状才会有所改观。二是互动方式多元化。国外的教学实践表明，小组互动的作用和影响力远远大于个体之间的互动，因此，英语教学课堂师生互动方式多元化的重要路径就是增加小组互动。在多媒体课堂上，英语教师可以将学生分成几个小组，每个小组分配相对应的任务，要求每个小组进行讨论，最终由英语教师随机抽取组员在多媒体上展示讨论结果。这样不仅仅增加了老师与学生之间的互动，更为重要的是增加了学生与学生之间的互动，激发了学生的学习热情。三是加强师生之间的情感互动。多媒体给英语教学带来的一个显著变化就是学习环境更为封闭，英语老师不仅仅要讲解教学内容，还要通过多媒体展示相关的教学内容，这实际上就分散了英语教师对学生的注意力。在这样的情况下，学生更容易开小差，不认真听课。因此，在这个时候，实际上更需要教师与学生展开情感互动，一个微笑或严厉的眼神，就可以让学生知道老师在关注他(她)，进而积极投入到课堂学习中来。

(二) 教师与信息技术的失谐

教师在课堂生态中的主要身份是知识的转化者和生产者，主要职责是将知识作为信息传输给学生，将自己的智能传送给学生。在这个传输过程中，信息技术起着媒介的作用，尽力减少信息流和智能流在传统过程中的流逝和衰减，帮助教师完成知识传授和能力培养的使命。这样，教师和信息技术就构成了良好的和谐的互动关系。但在目前的教学实践中，对一部分教师而言，这种健康和谐的关系并未建立起来，主要表现在三个方面：

第一，现代信息技术的课堂应用与教师信息水平不高之间存在矛盾。基于信息化的大学英语教学改革是一场自上而下的改革，绝大部分高校的主管人员都非常重视，一般都会迅速组织资金购买计算机等网络多媒体教学设施。目前，绝大多数高校已经建立了教学资源库，包含多媒体素材库、多媒体课件库、电子教案库、题库等多种类型的教学资源，53.4% 的高校建立了全校统一的教学资源管理平台。现代信息技术的广泛使用对教师的信息水平提出了挑战，尤其是一些年长的教师，往往主观上不太愿意通过学习来提高自身信息水平，"上级要求" 与 "客观现实" 形成了一组矛盾。关于信息技术与大学英语整合的现状，陈毅萍、毛燕辉 (2011) 在重庆地区选择了代表重庆高校整体状况的五所大学做了一个调查，结果发现，信息化改革进行了这么多年，依然有 11.92% 的教师不具备基本的信息技术或不看好信息技术与大学英语课程的整合，超过一半的教师 (50.76%) 不具备高层次 ICT (Information and Communication Technology) 技能，有一半教师对 ICT 与大学英语课程的整合持消极态度。鲁晶晶、曹雪丽 (2008) 的调查发现，只有 30% 的教师能熟练操作电脑，11.6% 的教师经常使用网络信息辅助教学，有 14.4%

的教师没有使用教育信息技术。刘淑华、姜毅超（2009）的调查发现，35.9% 的教师在教学中没有使用多媒体，40.0% 的教师有时使用，24.1% 的教师经常使用。虽然近几年情况肯定会有所好转，但在信息化改革进行了几年之后还呈现这种状况，本身就已说明，有相当一部分课堂生态主体没能及时提高能力和转变观念来适应课堂环境的新变化，他们的教学理念滞后、态度消极、信息水平不高，这与信息化的要求构成了矛盾。这组矛盾的存在严重影响了教师与课堂环境的互动。

在大学英语教学生态系统中，各个生态因子间由于其性质不同，使得其在英语教学过程中所发挥的作用也有所差别。从生态学的角度来看，大学英语教学生态系统中的各个生态因子只有在正确而合适的生态位上才能发挥相应的作用，进而实现整个英语教学生态系统的平衡。一旦出现了生态混乱的状况，大学英语教学的良好秩序就会被打破，进而影响大学英语教学的有效性。然而，当前大学英语教学生态系统中却出现了计算机信息技术生态位混乱的问题。对自然生态系统而言，计算机信息技术可以算是外来物种，但随着现代英语教学方式的多样化发展，计算机信息技术无疑成了大学英语教学过程中不可或缺的一部分。在传统大学英语教学模式中，计算机信息技术只是充当着教学媒体的辅助作用，很多大学英语教师认为以计算机信息技术为中心构建的大学英语教学平台可有可无，在教学过程中出现滥用计算机信息技术、低值使用计算机信息技术、过度使用计算机信息技术的情况，导致计算机信息技术这一生态因子难以充分发挥其在大学英语教学中的作用，进而影响英语教学的成效。

第二，生态课堂的教学理念与教师传统教学理念的矛盾。现代课堂生态重视以学生为中心，重视师生互动以及师生与课堂环境的互动，重视学生的课堂参与和探索发现。然而，在现实课堂中，有不少教师观念滞后，仍然坚持以教师为中心，以课堂讲授为主，没有充分利用网络和多媒体技术的优势，组织学生开展各种语言实践活动和探索活动，将讲授型课堂改变为基于信息化的建构型课堂和共建型课堂。针对大学英语教师能力结构，对 6 所不同类型高校的近 200 名大学英语教师和 700 多名学生进行了问卷调查，结果发现 35.23% 的教师不熟悉或不了解大学英语教学目标和性质，有 53.01% 的教师对现代英语教学理论和方法不了解。这些教师游离于信息化教学改革之外，缺乏与时俱进的意识和精神。

第三，对网络多媒体教学的错误解读，主要表现为对网络教学的过分依赖或对网络教学的不信任。任何事物都有两面性，网络教学也一样，既有优势，也有劣势。观察发现，有些老师只看到网络教学的优势，认为网络教学能解决一切问题，学习完全是学生自己的事，因此将一切交给了网络，缺少和学生的网络互动；还有些老师过分依赖多媒体课件，英语课成了课件展示课，课堂教学中课件一页页地翻个不停，总以为这样教学信息量更大，能教给学生更多的知识，完全没有考虑到学生的消化吸收速度和接受能力；还有老师已经离开课件就上不了课。这些都是过分夸大了网络和多媒体的作用，忽视了老师作为课堂生态主体的重要引导作用。相反，也有一些老师，始终认为网络教学耗时大，收效微，对网络教学持不信任态度，因此产生抵触情绪，拒绝在课堂教学中使用现代信息技术。这些比较偏颇的做法，造成了教师与现代信息技术之间的失谐。

（三）学生与信息技术的失谐

学生在课堂生态中的主要身份是知识的消费者和分解者，他们接受来自教师和其他信源的信息，消化吸收，最终以为社会做功的方式将能量和智能返还社会。在课堂生态系统中，信息技术起着媒介的作用，帮助信息和能量实现最大限度的传输，并以此与学生建立和谐的关系。在目前的大学英语课堂教学中，依然存在学生与信息技术不和谐的状况，主要表现在两个方面。

第一，现代信息技术的广泛使用与部分学生信息能力及素养不高之间存在矛盾。关于学生的自主学习现状，刘淑华、姜毅超（2009）对本校 320 名非英语专业本科生进行了调查，以了解他们在多媒体环境下英语自主学习的状况，结果发现 25.3% 的学生从不使用计算机学习英语，70.3% 的学生有时使用，4.4% 的学生经常使用。谷峰（2012）对本校学生进行了抽样调查，结果发现有 93.4% 的同学觉得老师的监督很重要，90.8% 的同学认为缺乏自控是自主学习的主要障碍。低起点大学生的英语自主学习能力更加有待提高。路红霞（2009）对青海大学低起点的 129 名学生进行了访谈，发现有 73% 的同学认为课后自学的时间没有规律，没有保障，没有监控，更不能顺利按计划完成学习目标。王先荣、曹长德（2010）的调查发现，大学英语学习者表现出的自主学习"意愿"不是很强，动机水平不高，自我效能感和目标定向都处于相对较低水平，自主学习中的意志控制程度总体不高。以上调查的范围虽然具有局限性，难以代表全国的状况，但却能在一定程度上反映出学生自主学习能力不够的现状。笔者经过多年的课堂观察和教学实践，也发现一些学生缺乏与现代信息技术的呼应性变化。笔者所在学校为 211 工程建设高校，大学英语课程为全国大学英语教学改革示范点和国家精品课程，属于走在改革前列的高校，但是多年的观察发现，仍然有那么一部分学生因为功课太多、英语学习动机较弱、自控力差等原因，消极应对网络学习，使用各种手段在网络学习记录上创造虚假的形成性记录，严重干扰了教师对学生网络自主学习的形成性评价。对这些学生来说，现代信息技术就没有起到任何助学的作用，课堂生态主体与课堂生态环境之间缺少了良性互动，导致系统出现失衡情况。

第二，现代信息技术的广泛使用与学生学习观念和方法陈旧之间存在矛盾。陈坚林认为，教师、学生、管理者的观念在某种程度上已经成为计算机应用于外语教学的障碍。现代教育理念特别注重能力的培养，鼓励学生通过参与、体验和实践去探索发现知识，主动建构自己的知识体系，按照个人的意愿自由发展。在这方面，网络因其丰富的学习资源和快捷的传输能力而独具优势。但是在现实的外语教学中，总有那么一些学生消极地应对网络学习，原因并非其信息素养不够，而是因为他们坚信中学养成的学习习惯和摸索出的学习方法的有效性，所以拒绝与网络多媒体等现代信息技术形成互动。

（四）教学模式与信息技术的失谐

教学模式是指符合特定的教学理论逻辑的、为特定教学目标服务的、相对稳定的教学活动结构。它是教学方法、程序和路径的综合体，一般都体现了一定的教学理念，能帮助教师根据一定程式设计课程，安排教学材料，指导课堂教学等。在课堂生态系统里，教学模式属于环境因子，对教与学活动产生重要影响。现代信息技术应用于大学英语教学以后，因为计算机网络等信息技术可以帮助学习者反复进行语言训练，尤其是听说训练，同时还能生动形象地提供大量真实的外语学习资料，包括音频和视频材料，所以基于计算机网络的建构式教学模式备受关注。但是，当前的大学英语课堂教学生态中仍然存在着教学模式与信息技术的失谐，这其中主要有两点原因。

第一，在现代信息技术的语境下使用了传统的教学模式。有些学校认识到了计算机网络的教学优势，购置了先进的计算机，建立了漂亮的自主学习中心，创建了良好的网络学习环境，但是没有真正执行现代课堂生态所推崇的建构式教学模式，没有真正放手让学生在网络环境下自我计划、自我管控、自我探索、自我完成外语学习任务，而只是通过传统作业的形式让学生在自主学习中心通过计算机学习光盘版的教材，现代信息技术的生态功能没能充分发挥出来。这种做法只是新瓶装旧酒，没有实质的变化，在没有计算机、没有网络的前提下同样能采用这种教学模式进行课堂教学。这种教学模式是虚假的信息化教学模式，自然不能与现代信息技术形成良好交互。

第二，在真正的信息化教学模式下，信息技术的优势因为某些原因而没能充分发挥。首先，学生网络学习的能力和自主性如果不够，就会严重影响教学模式与信息技术的良性互动，影响学习效果。其次，教师的教学方法如果不妥，没有给予适当的指导，没有合适的网上监控，没有恰当的课堂检查，没有必要的师生感情交互，则很难保证计算机网络学习的效率。还有一点就是，任何信息化教学模式都有一定的局限性。比如教育部高教司主编的《大学英语课程教学要求》为全国高校设计了一个"基于计算机和课堂的英语教学模式"（图3-3），主张学生在计算机上自主学习各种语言技能，以听、说、读为主，同时接受老师的辅导，在老师的面授课上传授听、读、写、译四种技能，以培养后三种技能为主。这是一个必须基于计算机才能完成的教学模式，也被绝大多数高校参照采用，但是这个教学模式并没有充分体现网络的作用，只考虑到了计算机自主学习与课堂教学的互补，没有考虑课堂教学与网络教学的衔接，结果将课堂教学与现代信息技术割裂开来，导致两者之间的交互中断。另外，该模式仍然带着很强的行为主义色彩，没有充分体现现代建构主义学习观。

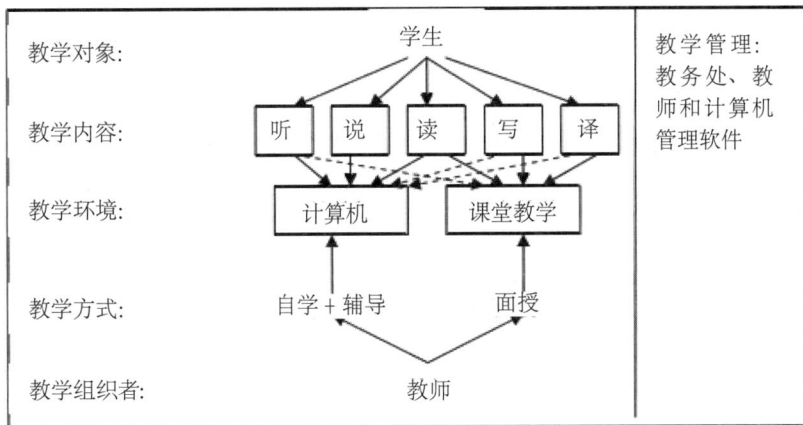

图 3-2 课堂生态主体网状交互关系

(五) 教材与信息技术的失谐

教材和信息技术同属课堂生态中的信息媒介，其任务是帮助教师完成知识的传输，二者在课堂生态系统中的职责相同，因此形成竞争的关系。为了避开恶性竞争，两者就要利用各自的优势进行错位发展，在竞争的前提下形成互补关系，方能形成良好的对立统一关系，共同打造课堂生态系统中的立体化教材环境。但实际情况是，有些出版社设计的网络学习平台，里面的内容就是网络版的教材，没有做很好的拓展和延伸。而且，有些光盘版和网络版教材还没有完成与现代信息技术的磨合，在设计上还存在不少缺陷。例如，路金金等（2011）针对《新视野大学英语视听说教程》提出了很多问题：教材中听过的部分不能重复练习；每一单元的内容太少，形式太单一；在自主中心学习，口语练习机会太少；自主学习平台软件里发音部分设计过严，刚进校的同学难以通关等。教材光盘化和教材网络化都是较低层次的信息技术应用。陈坚林认为，信息技术和教材的结合，远未达到预期的效果，计算机网络等现代信息技术的超强功能没能得到充分地开发和利用。信息技术对教材开发也存在很大的制约，最重要的体现是，教材网络化需要大量的资金成本和时间成本，出于利益的考虑，很多出版社刻意减慢了开发新教材的节奏，很多高校为了管理的方便，一般不会选择太多的教材，影响了教材的多样性和教师的自主性。这些都意味着教材和信息技术之间还存在失谐现象。

还有一种情况是，有些教师和学生一直把教材当成唯一的媒介，习惯于照本宣科，教材成了学生获取输入的唯一渠道。在这种以教材为中心的英语课堂里，教学内容封闭，教学行为僵化，现代信息技术形成虚设。以上情况导致教材和信息技术之间或同位恶性竞争，或貌合神离，或形同陌路，导致它们之间的关系失谐。

（六）教室布局与信息技术的失谐

教室布局是指教室的物理环境，包括灯光设计、座位布局、黑板位置、墙壁颜色等。这些因素和同属环境因素的信息技术之间同样具有相互作用和相互依赖的关系。举一个简单的例子，现在多媒体教室里基本都有投影机，当投影机将连通网络的电脑桌面内容投影到屏幕上时，首先需要幕布颜色的配合，然后需要教室灯光的配合，否则学生是看不清投影内容的。如果要播放网络上的一段视频，教室里还须配备音箱。可见，信息技术也需和教室布局保持和谐的交互，才能充分发挥其功能。

关于座位的安排、学生对座位的选择、学生选坐的位置等因素对学生课堂表现的影响，一度在20世纪60—80年代的西方形成了一股研究的热潮。当代生态外语课堂教学观认为，外语学习是学习者的知识和经验与外界环境互动的过程，在这个互动过程中，现代信息技术要与其他环境因子一起为师生课堂活动提供便利。当前，外语教学非常重视丰富多彩的课堂活动，尤其是在口语教学中，教师经常会先利用现代信息技术播放一段视频，然后班级分组讨论。这时，传统的教室座位布局就与现代信息技术之间形成了不和谐的状况，难以提供舒适的小组讨论环境，支持学生围绕视频内容自由讨论。当学生在自主学习中心通过网络学习时，比如说口语，就要考虑座位的布局是否合理，学生彼此的练习是否会相互产生干扰，由于当前国内的座椅都按传统的纵横排列法，很少有教室能够根据需要将座位呈环形、马蹄形、矩形等变化排列（图3-4），固定化的座椅不利于课堂开展信息化条件下的各种口语练习活动，影响了现代信息技术的功能发挥。

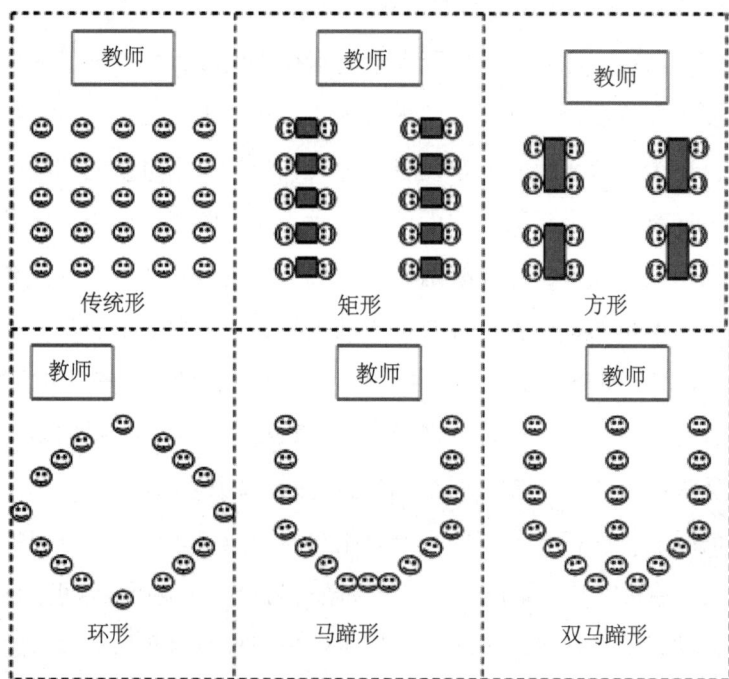

图 3-4 教室座位设计模式

（七）教学内容与信息技术的失谐

在课堂生态系统里，教学内容就是系统要传输的主要信息，信息通过教材、网络多媒体等媒介，在教与学活动所赋予的能量的推动下，实现了在系统内各生态因子尤其是生态主体之间的流通，同时起到了连接系统各生态因子的纽带作用。在这个过程中，教学内容就相当于要运送的货物，教师相当于发货人，学生相当于收货人，信息技术相当于拉货的卡车（教材就相当于拉货的板车），教学活动相当于货车的能源，网络相当于高速公路，这些因素共同作用，一起完成了货物运输的任务。在货物运输的过程中，货物最好不要减少，要是沿途能再增加点，收货人会更加高兴，要是连同货物一起，还能捎来货主的问候信，那送货人和收货人的感情会更加和谐。当前，信息化进程中的大学英语课堂生态依然存在教学内容与信息技术的失谐现象，主要体现为信息技术条件下教学内容的适切性不够。

传统的教材宛如拉货的板车，在信息承载方面具有一定的局限性，而现代信息技术宛如高铁一般，其功能更加强大，能以更快的速度和更生动形象直观的方式传输更多信息。因此，在信息化课堂生态中，教师应该根据信息技术的特点，适当调整所要传输的信息的量和类，适当布置网络自主学习的任务。但在实际教学中，有一部分教师仍然把教材作为唯一的知识来源，紧抱书本不放，把书本上的知识当作所有教学内容。殊不知，合理的教学内容应该来自师生对课程内容、教材内容、网络多媒体教学内容以及具体教学实际的综合加工。师生一方面需要合理地使用教材进行传授式教学；另一方面，师生可以对教材内容进行选择、取舍、加工，合理地组织教学过程；在各种教学活动中，要有意识地培养学生的自主学习能力和可持续发展能力，培养学生自我发现和自我判断能力，培养学生发展学习策略、创造新知识的能力。但现实不容乐观，在当前的课堂教学中，有些教师依然没能充分发挥现代信息技术在信息传输和学生能力培养上的优势和作用，教学内容过于单一。

（八）教学评估与信息技术的失谐

教学评估是大学英语课堂教学的一个重要环节，科学、合理、有效的评估能为师生提供大量的反馈信息，帮助师生及时调整教与学的行为。基于信息化的大学英语课堂生态为多元评价创造了良好的条件，但在现实教学中，很多学校都未能利用现代信息技术的牵引构建多元评价体系，因此出现了现代信息技术的运用与单一的传统评价方式之间的失谐。

计算机网络等现代信息技术能解决传统语境中一些解决不了的问题，尤其是学习的过程性记录问题。在传统的课堂教学中，教师对学生学习的过程性记录主要是学生出勤情况和作业完成情况的登记，这些信息的登记涉及较大的工作量，所以有些责任心不强的老师干脆免除了自己的这份辛劳，不再登记了，导致大学英语教学过程中对学生的形成性评价未能得到足够重视，学生在学习过程中的表现不能得到全面准确的反映。如今，现代信息技术能够轻松自如地解决这些问题，对学生网络学习的过程性情况，网络软件可以全程自动记录下来，包括什么时候上网、什么时候下网、浏览了什么网页、停留了多长时间、答题的准确率等。教师只要调看这些数据，就能轻松得到很多有价值的反馈信息，就能及时调整教学设计和合理指导学生。学生也可以利用网络评估平台给教师、同学甚至自己进行评估，这样就形成了多元评价机制。可惜令人遗憾的是，很多学校虽然建立了学生评教机制，但利用信息技术开展学生自评和互评的学校尚不多见。仅就教师对学生的评估来说，由于有些教学系统设计还不够完善，以及教师固有习惯的惯性作用，各个学校真正开展形成性评价的情况也各不相同，部分学校和教师依然以终结性评价为主，这与现代信息技术的强大功能形成了反差，在大学英语课堂生态中构成了一组失谐的关系。

（九）教学管理与信息技术的失谐

教学管理是指为了实现教学目标，按照教学规律和特点，对教学过程进行的全面管理。教学管理可以分为各种不同层次，这里所说的教学管理主要指两个层次，一是课堂教学中的教学管理，属于系统内部的管理，二是对课堂教学的管理，属于系统外部对课堂生态系统的管理。在信息化大学英语课堂生态中，教学管理与信息技术的和谐互动应该表现为两个方面，一是教学管理有助于信息技术在课堂生态系统中充分发挥其功能，二是信息技术有助于提高教学管理工作的效率，两者属于互相促进的关系。相反，如果两者不能相互促进，甚至互相影响彼此功能的实现，则谓之失谐。

在大学英语教学信息化进程中，这种失谐现象确实存在，而且对改革形成了较大的阻力。首先，现行的教学管理还不能很好地推动信息技术在课堂教学中的广泛应用。以工作量计算为例，笔者通过访谈获悉，很多高校至今没有出台如何承认网络教学工作量的相关管理办法，这么多年来，很多教师花在网络教学管理上的时间和精力没能得到合理承认，严重打击了老师参加信息化教学改革的积极性。对学生来说，很多学校和老师没有及时制定关于学生网络学习的规章制度，包括上网学习的时间要求、纪律要求，奖惩措施、网络学习在评估中的比率等，还有一些学校有了制度，但执行力不够，最终导致有些同学的网络学习仅仅流于形式，没有取得预期的效果。其次，信息技术在教学管理方面的应用水平还有待提高。吴友富认为，英语教学管理是将现代管理的计划、组织、指挥、协调、控制五大要素科学地运用于英语教学，融会贯通于英语教学的各个环节中。但是目前，信息技术还没有全面涉入管理的各个环节，而是集中应用于大学英语学习系统之中。虽然在管理系统中也有应用，但很多功能还不健全，影响了教师使用的积极性。举一个例子，目前几个主流大学英语教学系统，都有对每个学生网络学习的详细记录，给教师提供了很大便利。但是在期末进行形成性评估时，老师需要的不是详细的记录数据，而是一个宏观的、总的数据，如十个单元测试成绩的平均分是多少。目前绝大多数系统都没有这些功能，还需老师花费大量的时间进行数据统计，这严重影响了老师参与网络教学的积极性。

三、系统内部营养结构的失衡

从营养结构的视角看，在传统的课堂生态中，教师是课堂生态系统里的生产者，其主要职责是将来自外部世界的能量和信息进行转换、消化和吸收，并结合自身的经历和智力生产和创造知识，再通过作为信息载体的教材和讲授式课堂教学活动，把这些知识传授给学生。学生是课堂生态系统中的消费者和分解者，他们消化知识、吸收知识并将知识转化为新的智能服务于社会。在能量和信息的流通过程中，课堂生态环境一直发挥着重要作用。随着现代信息技术在外语教学中的广泛应用，教师和教材并不是学生获取知识的唯一渠道，在现代课堂生态中，计算机网络多媒体等技术环境不但构建了一条信息快速运输通道，而且本身还自带了大量的信息，成为学生学习的又一个重要知识来源。由于现代课堂重视生态系统中的多元交互，在教师与学生、教师与教师、学生与学生的交互中，教师也可能成为知识的消费者，学生也可以成为知识的生产者。从这个意义上讲，现代生态课堂中的师生都身兼三职：生产者、消费者和分解者。

在大学英语教学信息化进程中，系统内部营养结构的失衡首先表现为部分师生的生态角色异位，具体地说，就是有些教师作为课堂主讲者的传统生态角色没有弱化，作为消费者和分解者的生态角色没有得到加强，教师的自身成长长期被忽视，从长远角度讲，这对学生和教师两种生态主体都会产生消极影响。以在职培训与进修为例，王海啸（2009）通过对全国200多所高校进行调查分析后指出："虽然我国的大学英语教师近年来在总体上获得了更多进修提高机会，但必须指出的是，大学英语教师现有的进修提高机会仍不能满足他们的实际需求。按目前的比例，每名教师必须要等10到100年才能获得一次进修机会。"这种状况对实现国家或学校制定的教学改革目标是极为不利的。对学生来说，他们作为知识生产者的生态角色没有得到加强，换句话说，他们的自主学习能力、自我建构能力和持续发展能力没有得到很好发展，而这恰恰是现代生态课堂建设所应重点关注的。在信息化大学英语课堂生态里，信息的流通不再仅仅依靠唯一的一条单向高速公路（从教师到学生），而是可以依赖更多条平行的双向高速公路。在这方面，目前的大学英语课堂生态主体还需进一步更新观念，转变角色，适应新的课堂生态环境的要求。

信息化进程中，系统内部营养结构的失衡其次表现为输入与输出的失调。第一，输入与输出的方式失调。上段中提到的现实教学中的"单条单向高速公路"和生态课堂要求的"多条双向高速公路"就是方式上的失调之一，方式之二是教学媒体的泛化。在课堂教学中，一些教师在使用多媒体等技术时，没有从服务于内容需要的角度出发，一些本不需要使用现代教学媒体的教学内容也使用了媒体，大量快速直观的音像剥夺了学生思考的时间和想象的空间，不利于知识的建构和能力的培养。实际上，教学媒体的选择与使用并不能随性为之，更不是多多益善。第二，输入与输出的内容失调。在当前的大学英语课堂中，尤其是一些普通高校的英语课堂上，教学内容异化为考试内容。教师仍然坚持以考试为指挥棒，一切以考试，尤其是 CET-4 为中心，课堂教学常常演化为模拟试卷的讲解和考试技巧的介绍。对学生来说，每天输入的就是死记硬背的单词和语法等，没有大量的语言实践活动，导致英语实际应用能力很不乐观。从语言技能上看，内容上的失调还体现在对输入性技能的投入明显高于对输出性技能的培养。从知识和情感来看，当前课堂中知识的输入远比情感的输入更受关注，但后者却深深地影响着师生关系、学生的学习动机和态度、课堂教学气氛等重要因素。

第二节　大数据时代大学英语课堂生态功能失衡

　　凡是系统皆有功能，系统就是由一些元素通过相互作用、相互关联、相互制约而组成的具有一定功能的整体。本研究结合课堂生态的性能和生态课堂的特征，从系统对内部结构、内部关系、系统整体以及外部环境（社会）所产生的作用，归纳出四大功能，即优化结构的功能、调谐关系的功能、促进演化的功能和生态育人的功能。信息化语境下的大学英语课堂生态在功能上出现失调，即表现为这四大功能的衰减。

一、结构优化功能衰减

　　系统不同于集合，集合只是一些分散的人或物聚集到一起，系统却是一些元素聚合到一起之后，各个元素之间产生相互作用、相互关联、相互制约的关系。正是这些元素之间的相互作用力，牵引着各个元素不断进行自我调适，最终使各个元素达到一定的质和量，与其他系统组分和谐共处，使整个系统进入一种相对稳定、相对平衡的状态。在自然界中，各种生态系统都具有这种自组织能力，最终牵引着系统达到自然平衡的状态，但整个过程会非常缓慢。在社会生态系统中，因为生态主体具有很强的能动性，一般会使系统较快地调整到平衡态，反之，就证明系统的结构优化功能明显减弱。

　　信息化进程中的大学英语课堂生态出现了结构优化功能的减弱，这可以通过对系统结构的观察予以论证。信息化改革之前的大学英语课堂生态处于相对平衡的状态，对这种平衡态产生巨大扰动作用的就是现代信息技术在外语教学中的大量使用。现代信息技术迅速演化为课堂环境因子中的主导因子，其产生的扰动作用大大超出了系统本身的自组织和自修复能力，其产生的作用力牵引着其他课堂生态主体和课堂环境因子进行自我调节、自我改变，这种变化已经持续了好几年，系统内各组分的构成比重仍然处于失谐状态，从系统动荡过程的时间跨度以及系统现在的结构状态加以判断，系统的结构优化功能减弱了，难以自行修复系统内的平衡。

二、关系调谐功能减弱

大学英语课堂生态系统的关系调谐功能减弱，可以在目前课堂生态内部出现的各组失谐关系或各组矛盾中得到印证。以现代信息技术为立足点，描述了九组系统内各生态因子之间的失谐状况。换一个立足点，这些失谐关系也可描述为：①传统观点与改革理念上的失谐。有不少教师、学生和管理工作者坚持原有的教学观、学习观和价值观，不愿接受新的教学理念，如任务型教学、交互式教学、研究性学习等，导致了各种矛盾的出现，包括教师对学生、学生对老师、教师对课堂环境、学生对课堂环境等的不满。笔者所在学校在改革初期就曾出现学生对教师进行评估的结果集体下滑的局面，分析原因发现，学生对教师的很多做法不予认同，对改革初期的混乱难以容忍。②改革的大力度与现实能力之间的失谐。这次大学英语信息化教学改革决心大、力度大、面积广，对课堂生态主体提出了很高的信息素养要求，而现实中的部分老师和学生因为各种原因，信息素养不够，导致很多理想与现实的矛盾出现，如学生的自主性与要求有很大差距，老师的信息素养和积极性与要求有很大差距，网络教学系统的设计与理想状态存在差距，教材的编写方式、内容选择与呈现方式与理想存在差距，教学管理的烦琐与原先的期待出现落差等。③输入与输出的失谐。对教学系统来说，通过设备、软件的购置而输入系统的人力、物力和财力似乎与改革的成效不成比例。对学生来说，通过课堂和网络系统的英语语言输入和学生实际能力的提高不成正比，过程中存在大量能力的损耗，如学习各种教学系统和教学规章的时间投入、往返机房开机关机的时间损耗等。

需要说明的是，这些复杂的失谐关系并不是同时出现的，也不是同时发生在一个学校或一个课堂生态里。这些问题可能对某些学校来说已经是昨天的问题，但是对另一些学校来说，可能是正在发生的问题。不管怎样，这些失谐的关系都在一定程度上客观存在于某个学校的课堂生态。时至今日，这些关系仍然没有通过系统自身的纠偏功能予以修复，证明系统调谐关系的能力在失衡状态下严重减弱。

三、演化促进功能减弱

系统的结构优化功能、关系协调功能和演化促进功能是相辅相成的，只有结构上得到优化，各种关系才会协调，系统才能完成逐渐的演化。从这个角度讲，结构优化和关系协调是系统演化的前提。从营养结构来说，系统的优化依赖于系统的三大营养功能：即从营养结构看，生态系统具有物质循环、能量流动和信息交换三大功能。课堂生态系统作为一个微观生态系统，也同样具有以上三大营养功能。系统内交换的信息就是知识，系统内流动的能量就是师生通过教学活动所输入的能量，系统内循环的物质可以理解为信息交换过程中带来的智能流以及外部环境输入系统的物质，如教学装备等。

在现代信息技术的强力介入以后，大学英语课堂生态系统被迅速地带离到一个远离平衡区，如果系统通过自身的作用在这个区域重新建立平衡，就形成了耗散结构，系统也完成了一次演化。但是正如前文所分析的那样，经过多年的运行，大学英语课堂生态系统依然存在结构上和关系上的失谐，系统不具备达成平衡的前提条件，难以完成系统的演化。从系统的营养功能分析，系统内各种关系的失谐影响了师生之间的交互，交互的减少导致输入系统的能量减少，系统内部难以产生足够的驱动力，带动由外部环境输入的大量物质流（如计算机网络等教学设施）在系统内同步流转，所以系统依然处于非平衡态。要想加快系统的演化，就必须解决好系统的动力问题。

四、生态育人功能发挥不够

作为一个生态系统，其最根本的功能应该是提升系统的生产力。对课堂教学生态来说，其根本功能就是培育人才，对大学英语课堂生态来说，其根本功能就是培育英语人才，包括英语师资的自身发展。基于信息化的大学英语教学改革，旨在建立一个信息化的生态英语课堂，最终培养出具有较强实际语言应用能力尤其是听说能力的英语人才，解决过去社会对大学英语只能培养"哑巴英语""高分低能"人才的诟病。近几年来的大学英语教学改革在解决"哑巴英语"方面确实起到了很大的作用，但是课堂生态的育人功能还没有得到充分发挥，证明系统还未演化到一个新的平衡状态。

生态育人包含三层意思，一是生态主体的共同成长，二是师生的可持续发展，三是育人方式的生态性和科学性，其中前两点可以概括为课堂教学的产出效能。针对大学英语教学改革的成效问题，王守仁、王海啸（2011）对全国530所高校的大学英语教学现状进行了较为全面的调查，结果显示，大学英语课堂面授平均周课时为3.8节，学生自主学习的平均周课时为3.9节，两种方式的学习合起来计算，学生每周投入英语学习的时间约为8课时，几乎占了五个学习日的一整天时间，但该调查并未涉及学生最终的学习效果。不过，有研究者对学习成效做了局部调查，如谢欣欣（2010）对本校近300名同学做了一个关于大学英语学习效果自我评估的问卷调查，结果发现有86.5%的同学认为自己的水平"和以前差不多"或"退步了"。虽然这份调查不一定能代表全国总体情况，但至少说明在一定区域或程度上存在教学效果与预期不符的情况。笔者的课堂观察也发现，通过一段时间的网络自主学习和课堂口语练习活动，大部分学生能够在老师的正确引导下，认识"正确"与"流利"的辩证关系，也能逐渐克服怕犯语法错误的紧张心态，敢于开口说英语了。态度改变了，胆量大了，但是学生口语能力增长不快，很多学生只能对熟悉的话题作简单的发言。

以上分析说明，英语课堂生态的育人功能还没有得到充分体现，教学效果离社会的期待和学生自己的目标还有差距，需要我们认真研究，找出课堂生态中的限制因子，采取适当的应对策略，找出生态和科学的育人方法，达到生态育人的目的。墨菲定律告诉我们，事情如果有变坏的可能，不管这种可能性有多小，它总会发生，并造成最大的破坏。为了降低生态风险，信息化语境下的大学英语课堂生态处于失衡状态，然后用描述性研究和文献研究的方法考察了大学英语课堂生态的结构和功能，确实发现了很多系统失衡的典型表征，包括系统内部关系的失谐和系统功能的减弱。这里做一个补充说明：课堂生态系统是一个复杂的社会生态系统，目前还难以用系统科学的计算方法验证其是否失衡，只能在观察的基础上提出理论假设，再在进一步的课堂观察和文献研究中予以验证。

第四章 大学英语课堂生态失衡的技术信息化归因

现代信息技术应用于大学英语教学后，出现了课堂生态系统的失衡，具体体现为系统组分的构成比重失调、系统组分间关系的失谐、系统内部营养结构的失衡和系统功能的失调。系统失衡的推力既有来自系统内部各元素之间的相互作用，同时也有来自于外部环境变化对系统产生的影响。

第一节 课堂生态系统整体与微观信息技术应用间的失衡

一、信息技术的应用对耗散结构的形成未形成助推力

我国有句古话，叫"不破不立，不塞不流，不止不行"，说的是破和立、塞和流、止和行的对立统一关系，旨在告诉我们，有时不打破旧的、不好的东西，就难以建立新的、好的东西，另外还有一个词叫"大破大立"，犹如中医里的辩证施药，有时不下猛药难以治顽疾。

2004年以前的相当长一段时间，我国的大学英语教学主要使用1986年版的教学大纲（1998年推出了修订本）以及根据这个大纲编写的几套教材，其中使用最广的是上海外语教育出版社出版的《大学英语》（董亚芬审订）和高等教育出版社出版的《大学核心英语》（杨惠中、张彦斌主编），以1987年开始组织的大学英语四级考试（CET-4）为指挥棒组织教学活动，教师为四级考试而教，学生为四级考试而学，形成了教学常态。至2004年，课堂教学生态系统经过十几年的运行，在相同的教学理念和教学模式下，使用不变的教材，课堂生态内部结构和功能早已相对稳定，系统整体也早已达到了一种相对平衡的稳定状态。由于这个稳定状态运行了较长时间，已经出现了惰性，生产力开始下滑，而且产品也难以满足外部变化的环境的要求。2004年之前，社会对毕业生的英语

能力尤其是听说能力很不满意，出现了"聋哑英语""高分低能"的尖锐批评，大学英语教学质量问题引起了上至国务院总理下至普通教师、市民等老百姓的广泛关注。2004年初，教育部经过几年的酝酿和筹备，终于启动了一场基于信息化的大学英语教学改革。这是一场自上而下的改革，推动的力度很大，目的就是想借助飞速发展的现代信息技术，大破大立，打破大学英语教学生态中的"死"平衡，在远离平衡区重新建立新的"活"的平衡，即系统科学里所说的"耗散结构"。

什么是耗散结构？耗散结构就是在一定的非平衡条件下，系统通过自组织"进化"过程在远离平衡区域从无序状态自发地演化成有序状态时所产生的有序结构。按照耗散结构理论，一个宏观有序状态的自发产生和维持，至少需要三个条件：①系统必须是一个开放系统；②系统必须远离平衡态，进入非线性区域；③系统内部必须存在涨落和非线性反馈。那么，现代信息技术在大学英语课堂教学中的大量使用，是否能帮助课堂生态系统满足上述三个条件呢？先来看一下第一条，是否是开放系统。所谓开放系统，是指系统与外部环境具有交互作用，相互影响。实际上，客观世界中的所有系统基本都是开放系统，课堂生态系统同样也受到外部环境的影响，包括国家的外语教育政策和措施、社会对外语教学的期待和评价、信息技术的高速发展、语言学和教育学理论的发展等。现代信息技术在外语课堂教学中的应用，其实就是外部环境进入系统内部，转化为系统内的生态因子，并与其他因子相互作用的过程。

再看第二条，现代信息技术的使用是否能打破课堂生态的原有平衡？答案是肯定的。当计算机、网络、多媒体等现代信息技术突然大量进入英语课堂教学后，传统的信息媒介（即教材）被改造得更加丰富多样和立体化，传统的学习环境得以优化和拓宽，学生的学习方式发生了天翻地覆的变化，这一切都冲击着传统的教学观念、传统的教学模式、传统的评估方式等。观察发现，传统的英语课堂生态迅速被打破，并被带离到一个师生都比较陌生的状态，系统内部各种关系和生态因子的各自功能出现失调，这个状态可以认定为非线性区域的一种状态。在这种极不平衡的状态下，如果现代信息技术能够继续保持主导生态因子的强势作用，必然引起系统内部各生态因子的涨落，这种涨落通过非线性反馈作用而放大，就会彻底破坏原有结构的稳定性，使传统课堂生态结构解体，为系统形成新的有序结构即耗散结构创造条件。一旦耗散结构形成，就意味着新型的师生关系、新的师生角色定位、新的教学模式、新的学习方式等达到一种新的平衡，系统生产力得以显著提高。

但是遗憾的是，现代信息技术的牵引力遭遇到课堂生态中各种传统力量的狙击。具体地说，有管理者的求稳心态，一切"稳"字当头，害怕改革初期出现的混乱局面，所以尽力控制改革的速度和力度；有教师的传统观念，不愿改变教学模式，不愿花费时间和精力提高信息素养，不愿放弃自己在课堂上的权威，所以消极抵抗改革；有学生的学习习惯，难以适应自我计划、自我管理、自我监控的自主性学习，难以改变自己的听课习惯，所以对锐意改革的教师的教学行为不理解、不支持；等等。这些传统力量汇集起来，在很大程度上抵消了现代信息技术的牵引力，致使被带到远离平衡区的大学英语课堂生态系统又被传统力量慢慢拉回到线性区域与非线性区域的结合处，系统涨落幅度较大，系统处于失衡状态。这个过程宛如两股力量的拔河比赛，系统一开始被新生力量迅速拉过了中线，但传统力量的抵抗作用又将系统往回拉，系统处于一个动荡过程之中，最终哪方能够最终取胜尚是未知数，这可能取决于未来的第三股主动干预力量。

二、信息技术的应用对信息流通产生反作用

我国有种民居叫四合院，是一种四方形的封闭式院落，里面一家一户，虽然邻里之间偶尔拌拌嘴，但总体都能和谐共处。现在社会发展了，都乔迁新居独门独户了，条件似乎改善了，可邻里却疏远了。为什么？条件的改善反而致使生态主体间的信息流通不畅了，彼此接触少了，缺乏共享信息了。

现代信息技术在大学英语课堂教学中的应用，改善了系统环境，教师教学的条件好了，有多媒体了，有网络了，有电子邮箱了；学生的学习条件好了，有电脑了，有网络资源了；知识的传输载体也更好了，图文并茂了。然而，任何事物都具有两面性，这些现代信息技术带来的便利条件有时也会导致课堂生态主体之间的交互减少、情感交流减少、信息交换减少，导致系统内信息流通不畅。

信息论认为，系统各要素之间、各局部之间、局部与整体之间、系统与环境之间的相互联系和相互作用，都要通过信息的交换、加工和利用来实现。正是由于信息在系统中的正常流动，特别是反馈信息的存在，才能使系统按预定目标实现控制，达到协调关系和优化效果的作用。对大学英语课堂生态来说，现代信息技术的使用拓宽了知识传输的通道，但帮助系统正常运转的信息，在更大意义上来说，指的不是被传输的知识类信息，而是指各生态因子之间所共享的维持系统运行的其他信息，如课堂教学的指令，师生沟通的时间、地点和方式，学生是否听懂了讲课，教师的情感态度如何，学生的情感态度怎样，等等。如果继续把现代信息技术比作高速公路上运货的卡车，那么卡车的运行更多地是受发货人的态度、发车时间和地点、交货时间和地点、收货人的态度等信息的影响，而不是受卡车到底是运载一根木头还是运载一块砖的影响。现代信息技术的使用导致师生面对面交往的机会减少，直接交流的机会减少，情感交流减少，共享知识减少，教师从学生那儿得到的反馈信息减少，导致系统信息流通不畅，教师无法根据反馈信息及时调整教学，师生关系的融洽度也可能受到影响，最终致使课堂生态系统出现失衡状况。

三、系统"出"与"入"因信息技术的应用出现失衡

生态系统的平衡，首先体现在系统中的生产、消费和分解过程处于平衡状态，系统能量和物质的输入与输出处于相近或相等状态。教育生态系统中的生产和消费过程包括：各种教育资源的配置，系统内部的生产过程（即教育教学过程），教育成果（主要指学生）在社会生态系统中的分配和使用。当现代信息技术广泛应用于大学英语课堂教学时，原来处于稳定平衡的课堂生态受到强烈扰动，系统内部各组分的构成比重和各种关系出现失谐，同时也出现了输入与输出的失衡。

首先是教育资源配置方面，存在输入与输出的失衡。这场基于信息化的大学英语教学改革，由于得到了各级主管部门的高度重视，在硬件设施建设上突飞猛进，甚至在争创全国教改示范点的过程中，有些学校还出现了盲目攀比现象，比机位的多少、比场地的大小、比环境的优劣。据笔者所知，有些学校为大学英语教改划拨专项经费超过一千万元。总之，全国大部分高校都投入了相当大的财力批量购买了计算机、服务器等，建立了中型或大型的自主学习中心。然而，观察和访谈发现，不少学校由于管理措施、软件建设和其他教改环节没有跟上，导致这些自主学习中心的使用率不高，存在严重的教育资源实用性浪费。这是教育设施的输入与输出失衡。在教师培训方面，也存在输入与输出失衡问题。现代信息技术的大量使用对教师的信息素养、教学理念、教学设计能力和课堂管理能力都提出了很高的要求，面对这种挑战，广大教师迫切需要相关培训，需要进修学习，但是很多学校在教师职业成长方面的投入过低，造成师资培养方面输入与输出的不平衡，用俗话说，既要马儿跑，又要马儿不吃草，这是一组明显的矛盾。王海啸（2009）通过对全国200多所高校进行调查分析后发现，"如果按照目前的进修比例，每名教师必须要等10到100年才能获得一次进修机会"。在职称方面，大学英语教师中的教授比例仅为3.3%，讲师及以下职称的教师却占了74.1%。可见，在教师发展方面，输入与输出的矛盾十分严重，非常不利于系统平衡的重构。

其次是教育教学过程方面，存在输入与输出的失衡。现代信息技术广泛应用于大学英语教学的一大优势就是，计算机网络教学可以给学生提供大量的真实语料的输入，同时借助教学软件，实现人机口语输出练习。但是由于自主学习中心的环境因素，加之很多中国学生具有内向型学习风格，学生真正进行英语输出练习的语言实践很少。在课堂口语面授过程中，由于班级人数的原因以及课时的相对减少，学生输出性语言训练相对于输入来说要少很多。在综合英语或精读课上，写作的训练往往被认为是浪费时间，通常以作业的形式布置给学生。由于每位英语教师要面对数以百计的学生，因此作文的批改量有限，学生的写作能力也没能加强。有一个好的趋势是，现在有一些作文批改软件开始进入英语教学，能在一定程度上缓解作文批改的压力，但是这方面的软件还只能做一些初级的作文评估，难以完全代替教师的批阅。总之，现代信息技术的使用可望缓解输入性技能培养和输出性技能培养之间的失衡，但从目前来说，这种失衡依然存在。

再次，从服务社会的角度看，课堂教学还存在输入与输出的失衡，即大学英语课堂教学培养的学生英语能力与他们作为系统输出的教学成果而服务社会的能力不一致。也就是说，在大学英语教学中，通过各种教学活动输入给学生的英语能力肯定有所加强，但是现代信息技术在大学英语教学中的使用，还没有解决大学四年英语学习不断线的问题，没能为后两年的英语自主学习提供支持，导致学生在毕业的时候，英语水平大打折扣，服务社会的能力减弱，社会又将责任归咎到英语教学身上。

四、信息技术下的相干作用易导致反向协同

协同论认为，系统内的各种元素之间相互作用，致使系统在相空间里无序或有序地运动着，但不稳定的自由度会把稳定的自由度拖着走，一直拖到目的点，即稳定状态的那个点。在这个过程中，如果外部条件改善，系统内协同作用增强，系统的序参数就会增大，朝着目的点运动。在接近临界点时，如果各元素的相干作用产生的协同作用占主导地位，序参数就会急剧增大，导致系统不稳定而发生突变，最后产生新结构，逐渐达成新的稳定态。现代信息技术应用于大学英语教学，在造成课堂生态环境急剧变化的同时，也与系统中的其他因子产生了相干作用。这种相干作用相当复杂，有同向的作用力，也有反向的作用力，同向的作用力合成协同作用，反向的作用力形成抵消作用，这些复杂的作用力使系统有时在朝无序的方向发展，有时在朝有序的方向运行，无序和有序经常互相转化。如果给予系统足够的时间，鉴于系统的自组织能力，系统在相空间里自由运行的同时，最终会被现代信息技术这个不稳定元素拖到一个目的点，即新的稳定点。但是改革以来，并未形成这种稳定的状态。根据协同论的观点分析，原因在于现代信息技术没有和系统内的其他因子形成足够大的协同作用，带动系统朝非平衡区运动，并在接近临界点的区域形成最大的合力，序参数迅猛增大，致使系统跨过临界点进入一个非线性区域，完成系统的突变，形成新的耗散结构。至于现代信息技术为何不能加强协同作用，原因不外乎两点，一是现代信息技术的牵引力还不够大，也就是大学英语教学改革中信息化的水平不够高、不够快，带来的冲击力不够；第二个原因就是其他因子的同向作用力小，而反向作用力大，最终导致合成的协同作用不够大。其他因子的反作用力大，说明系统的其他因子并没有朝着信息化的目标同向发展。要想促使系统发生突变，并在新的非平衡区产生新的结构，形成新的动态平衡，就需要保持并加大现代信息技术的牵引力，或者借助外部力量改变其他生态因子，使它们同现代信息技术同向而行，协同发展。

第二节 课堂生态系统局部与微观信息技术应用间的失衡

一、大学英语教学课堂生态中限制因子的客观存在

因子都对课堂生态主体产生影响，但因子间的相互作用整体上趋向稳定。然而，如果某一个或几个生态因子在量上突然发生大的改变，或者变得太多，或者变得太少，即接近耐受上限或耐受下限，课堂生态主体与该因子之间的关系就会失谐，系统局部就会失衡。在信息化教学改革进程中，大学英语课堂生态中应用的现代信息技术大量增加，其影响也显著增大。拿上网学习时间为例，有些学校规定每周必须上网自主学习两个小时，主要完成预习和复习的任务，学生觉得可以接受，基本都遵照执行。但是也有学校改革之初下猛药，要求学生每周上网自主学习 4 个小时甚至 6 个小时，由此引起了学生的抗议或抵抗，原因有二：一是因为他们觉得功课太紧，抽不出那么多时间；二是觉得网上学习的内容并不需要那么长时间，其他自由的学习内容就不应该规定时长。在这种情况下，网络学习就演变为系统的限制因子，严重影响了学生学习的积极性和师生关系。多媒体课件的使用也是这样，要适度。在当今课堂，从不使用多媒体课件的老师是很难被学生认可的，而过多使用课件的老师同样会遭到学生的反对，因为学生需要消化吸收的时间，太多的信息他们难以接受。在网络资源上，有些学校非常重视网络自主学习，花了大量经费买了一个又一个教学资源库，为学生服务。而对学生来说，面对汪洋大海般的信息资源时，他们反而无所适从，不知该学什么。所以资源也不是越多越好，选择的自由度也不是越大越好。现代信息技术并不是万能钥匙，更不是越多越好，而是需要教师酌情合理适量使用，要在学生发展最适区使用，不要超过他们的耐受限度，否则就会导致生态关系的失谐和课堂生态局部失衡。教师也是如此，如果让一个参与网络教学的老师每周上网查看学生的学习记录，了解学生的学习情况，应该还是能做到的，但是如果让一位教师坚持每天上网查看这些记录，老师的执行力就会下降。为何？超出了他们的耐受限度，信息技术就变成了限制因子。

二、信息技术的应用易引发课堂教学生态位重叠

生态位是生态学上的重要术语，指的是种群或物种个体在生态系统中生存的时空位置和所具有的一定功能。教育生态学并没有将生态位的主体局限于种群或物种，而是认为教育生态系统中的各个组分都有各自的生态位，即各自的位置和功能。生态学认为，当两个或更多的物种共同分享一定的生态位空间时，就会出现生态位重叠，它们就不得不分享资源并产生竞争。当某个物种在激烈的竞争中抢占的资源达不到自己的生境最小

阈值，就会完全被排挤掉或被迫发生生态位分离，这就是竞争排斥原理。

传统的大学英语课堂生态经过多年的稳定运行，基本处于一种相对平衡的状态，各系统因子也都具有相对稳定的地位和功能。教师作为课堂生态中的主体，主要担负着传道、授业、解惑的职责，是生态系统里的知识转化者和生产者，是信息的输出端，是课堂规则的制定者，享有权威的地位和学生的尊敬。学生是课堂生态中的学习主体，是信息的输入端，是知识的被动接受者，是课堂规则的执行人，是知识的消费者和分解者。教师和学生在生态系统中主要通过教和学的过程实行面对面的交互活动，以及信息和情感的交换。教师能从学生那儿得到关于学习的反馈信息，并在教学中做出调整，学生能从老师那儿得到学业指导和感受情感态度。教材是信息的载体，是知识的媒介，是教师教学内容的中心，是学生知识的主要来源。师生教学活动常以教材为中心，师生各执一本在手，完成教与学的活动。教学方法以语法翻译法课堂讲授为主，教学手段有黑板、粉笔、幻灯片和收录机等，座位布局基本都是传统的横排方式。在传统课堂生态系统里，系统组分各司其职，相互作用，但互不侵权，维持着系统的动态平衡。

大学英语信息化教学改革以后，现代信息技术强势进入课堂教学这个开放系统，成为课堂生态系统内的主导生态因子，在课堂生态中占据了重要的生态位。异质的侵入自然挤占了其他生态因子的生态位，出现了生态位重叠，导致生态因子之间的竞争与排斥，引起了系统内各组分之间的关系失谐，最后导致系统出现失衡状况。

现代信息技术的应用，导致了哪些生态位重叠呢？首先是和教材的生态位重叠。计算机、网络、多媒体等现代信息技术的应用不仅提供了更加快捷的信息传输通道，而且本身也是功能强大的信息载体，在信息承载和传输速度上都大大优于纸质教材，因此传统纸质教材的位置和功能被严重挤占。其次是和教师生态位的重叠。教师一直都是学生学习知识的源泉，网络教学被采用以后，学生知识的来源得以大幅拓宽，教师的功能遭到削弱，地位的重要性有所下降。以前弄不懂的东西得找老师，现在弄不懂的东西通常只需上网搜索即可。信息技术与教材、教师的生态位重叠又导致了教师教学方式和学生学习方式的变化，同时也降低了教的重要性，抬高了学的重要性，传统的教学方法和理念、师生的传统角色等都因为竞争排斥的原因被迫发生生态位分离，也就是功能发生改变。以前教师是权威的讲授者，而现在只是助学者，以前以教师为中心，现在以学生为中心，以前以"教"为中心，现在以"学"为中心，各生态因子的角色功能都在发生改变。虽然这些改变是一种向好的趋势，但毕竟出现了系统的不平衡特征。再次，信息技术还挤占了师生信息和情感交流的通道。一方面，有些信息技术的使用，如电子邮件等，能够增加师生之间的联系，然而赛博空间的联系不同于真实世界的联系，更不能代替之。另一方面，信息技术的使用大大减少了师生面对面的交往。换句话说，学生与计算机网络的交互挤占了学生与老师的直接交互，这也是一种生态位重叠。最后想要指出的是，由于现代网络技术和多媒体技术给教学提供了丰富的教学资源，容易造成师生生态位的特化。不管是教师需要教学素材也好，还是学生需要完成一篇作文也好，他们往往会直接到网络上搜索，这种生态位特化现象大大减弱了他们自己思考、想象的能力和在资源缺乏时自己解决问题的能力。以上生态位上的重叠都会引发生态因子位置和功能的改变，而这些改变的过程就是系统不稳定的过程，是系统失去平衡的表征。

三、信息技术下的教学方式易导致群体密度不适

现代信息技术应用于大学英语课堂之后，引起了教学模式的改变，越来越多的老师开始由传统的、以教师为中心的讲授型课堂转变为以学生为中心、以知识建构为目的的建构型课堂或共建型课堂，课堂内的师生交互活动和生生交互活动大大增加。然而，教学模式改变了，但班级还维持了原来讲授型课堂的规模，人多了，不利于开展课堂口语练习活动，影响了学生的积极性和课堂教学的效果。

笔者的学校在改革之初，迫于师资紧缺的压力，口语课和综合英语课学生数都为 40 人左右，结果导致口语课的师生意见重重，后将综合英语课人数调高到 50 人左右，口语课人数调到 30 人左右，结果效果好多了。现在，随着网络教学的深入，我们口语班级人数进一步降到了 25 人左右，效果更佳。这就说明，班级的大小很重要，学生学习也有一个最适密度问题。如果密度过大或过小，都会影响学生的学习动机和效果。到底多大班级最好？这得取决于所学课程的性质以及学习课程的学生的情况，一般输入性技能课程班级可以大些，输出型技能课程班级最好小点。此外，伴随着这次信息化大学英语教学改革，全国高校普遍采用分级分类教学方法，即把学生按照英语水平高低分成几个不同起点的级别分别组织教学，把具有不同兴趣的同学分到不同类别的课程班学习，但是在这个分级分类过程中也有一个密度问题，怎样根据课型特征和学生特点找到最佳的密度值，按照合适的比例进行分级分类教学，是一个很重要的问题。反之，如果不合理考虑密度问题，过高估计现代信息技术的效用，班级变大，课堂教学就会出现状况，课堂生态就会出现一定程度的失衡。

四、信息技术的应用易使学生产生自主学习障碍

我们的中小学生从背上书包的那天起，就有爸爸妈妈爷爷奶奶接送，到了学校，老师为学生制订好了所有学习计划，学生只用跟着老师的步骤亦步亦趋就行了。回到家里，完成老师布置的作业，有爸爸妈妈帮助检查。平时有点什么差错，也会有老师和父母马上指出来。这种培养环境就相当于一个花盆，和真实的社会环境完全不同，学生在这种环境下快乐成长的同时，自身对环境因子的适应阈值逐渐下降，生态幅变窄，生态位下降。也就是说，他们的适应能力越来越弱，自我计划、自我监控、自我管理的能力越来越弱。当这样的学生来到大学，在学习大学英语课程的时候，由于大量采用现代信息技术，提

倡网络自主学习，他们被赋予了很大的学习自主权。但是很多在"花盆"中成长的学生在面对这种自由时，一下变得不知所措，他们缺乏自我规划的能力和习惯，缺乏自我控制的能力和习惯，缺乏自我评估的能力等，很难适应新的环境和情况。有些学生还坚持过去的习惯不愿改变，对教师角色的改变、教学方法的改变、教学环境的改变都持不理解、不接受态度，形成了课堂生态中各种失谐的关系。

对老师来说，过去上课前都要认真备课，包括上课的思路、典型的句型、经典的例句等都要熟记于心才敢走进教室。现在有了多媒体课件，一切都图文并茂地存储在 U 盘里，需要展示的时候，插进电脑打开就行了，所以有些老师也不像以前那样认真地备课了，上课时就跟着课件走。这种老师也是"花盆"中的教师，一旦遇到偶发停电之类就会不知所措，失去了一个老师应有的应变能力。事实上，这种故事确实时有耳闻。这也是现代信息技术课堂上带来的负面效应之一。当然，出现这种情况的根本责任还在于老师对多媒体的认识上。

五、新旧课堂教学系统的碰撞易引发内在冲突

信息化改革之前的大学英语课堂生态很少有"活水"注入，系统接近于一种死的平衡，虽然比较稳定，但生态系统的生产力开始下滑。2004 年的大学英语信息化改革，宛如给这个沉寂的系统注入了一股"活水"，如果这股"活水"能带动其他生态因子一起优化，则系统会进入一个新的动态平衡状态。但是由于系统的惯性和惰性，各生态因子的联动效应不够。如果其他因子需要优化，也必须有来自外部的新"活水"的注入，比如教师，他必须从与外部的联系中了解和理解新的教学理念，学习新的信息技术知识，适应新的教学生态环境等。对学生来说，也必须从外部的环境中获取新的知识来更新自己的观念，改变自己的学习习惯和方式。但是遗憾的是，大学英语课堂生态系统中注入的"活水"不够，没有出现很大的活水效应，相反，由于传统力量的抵触，还出现了几组矛盾：系统的新要求与传统的教学观念之间的矛盾，系统的新要求与传统的学习理念之间的矛盾，系统的新要求与落伍的师生信息素养之间的矛盾等，致使系统进入一种失衡的状态。重新反思一下没有出现活水效应的原因，可以发现，真正的活水应该是系统与外部环境连续不断的物质和能量交换，而不是一次性的投入。在这个意义上讲，现代信息技术的使用并不是给系统注入活水，而是朝水池中扔了一块大石头，虽激起了很大的波浪，造成了系统的动荡，但如果其他系统因子不随之改变，系统会很快归于平静，起不到预期的活水效应。

六、课堂生态整体效应同系统分组间存在失衡

生态系统中的整体效应和空气动力学里的蝴蝶效应有些相似。蝴蝶效应的一个常见

解释是："一只南美洲亚马逊河流域热带雨林中的蝴蝶，偶尔扇动几下翅膀，可以在两周以后引起美国德克萨斯州的一场龙卷风。"其原因就是蝴蝶扇动翅膀的运动，导致其身边的空气系统发生变化，并产生微弱的气流，而微弱气流的产生又会引起四周空气或其他系统产生相应的变化，由此引起一个连锁反应，最终导致其他系统的极大变化。整体效应与之有些近似，指的是生态系统各组分在质和量上的变化以及相互作用的过程中对本系统或更高层级系统所产生的放大效应。整体效应也有连锁性和放大性两个特点，但其放大性体现在组分构成系统的时候，也就是子系统构成更高层次的系统时。本研究认为，促成这场基于信息化的大学英语教学改革的原动力就来自教育系统的整体效应。我们都知道，这是场自上而下的改革，是国家教育主管部门先下定决心推行的。是什么促使他们下了这个决心？从整体效应的角度看，最初的动力很有可能只是来自社会上一个普通人士对高校英语教育的抱怨。有了一个抱怨，然后有了第二个抱怨，汇集起来，成了一群人的声音，效应放大，再传到一个更高层级的管理人群中，整体效应继续放大，最后成了一个上至总理下至老百姓共同关心的问题，整体效应再次放大，最终促成改革。

这次改革的力度很大，选择现代信息技术为突破口，大力推广使用，意图对外语教学大破大立，希望能在一个远离平衡区建立新的耗散结构。但是改革推行以后遇到一些传统力量的抵抗，这些传统的声音汇集起来，产生放大效应，传到上一层管理者耳中，然后继续放大，最后传到更高的决策者耳中。如果最后的决策者考虑现实情况，决定稳字当头，稍向传统力量妥协，系统就被拉回到线性区域。由于现代信息技术对系统造成的巨大扰动，系统虽已回到线性区域，但却仍然处于较大的震荡之中，处在非平衡态。

整体效应还体现为连锁反应。现代信息技术在课堂中的使用也带来了连锁反应，引起了系统内部各种关系的失谐，具体体现为各种相互关联的矛盾。现代信息技术的使用支持和提倡交互式课堂教学，这与传统的讲授式课堂教学相矛盾；讲授式课堂教学主要以教师和教材为信息来源，这与现代信息技术的媒介功能相矛盾；信息技术的信息传统和媒介功能支持和提倡学生的网络自主学习，这与学生的传统听课习惯相矛盾；学生的传统习惯与一些锐意改革教师的教学理念和教学行为又构成了矛盾；锐意改革的教师原有的信息水平与网络教学新要求之间又存在矛盾；网络教育新要求与传统教材、传统的评估方式形成矛盾；新的形成性评价的需求与早期的网络教学软件功能不全又形成了矛盾；网络教学软件的不足与学生的网络学习自主性不高形成矛盾；学生学习自主性不高与教学管理规章制度不完善之间又构成一组矛盾；规章制度的合理性与师生教改情绪之间也存在矛盾，依此等等。这些相互关联的矛盾相互作用，使矛盾变得更加突出，致使系统处于一种失衡状态。追根溯源，这一切都是现代信息技术的应用所带来的整体效应。

以计算机、网络为核心的现代信息技术与大学英语课堂教学整合后，给传统的大学英语课堂生态带来了强烈的扰动，造成课堂生态系统中各组分的构成比重失调、交互关系失谐以及系统自组织功能减弱。以耗散结构论的观点探究其原因，发现现代信息技术的使用未能促使系统最终在远离平衡区形成耗散结构；以协同论和突变论的观点看，现代信息技术的使用未能牵引系统各组分同向运动，形成足够的协同作用，帮助系统实现突变后重新构建平衡；从信息论的观点分析，现代信息技术的使用反而致使系统某些环节的信息流通不畅，导致系统失谐；从系统运行过程看，现代信息技术的使用造成了一些输入与输出上的失衡，致使系统处于非平衡态。运用教育生态学的一些原理，如限制因子理论、生态位理论、最适密度原则、花盆效应、活水效应、整体效应等，从不同角度阐释了现代信息技术的应用造成大学英语课堂生态局部失衡的机理。这些分析都是在第二章所述的原理基础上对第三章所描述的失衡现象做出的理论探讨，为构建大学英语生态课堂提供了重要的解题思路。

第五章　大数据时代大学英语课堂生态失衡的调适

在一个相对平衡的生态系统中，物种能够达到最高和最适量，物种之间彼此适应，相互制约，各自在系统中进行正常的生长发育。正因如此，生物多样性丰富、结构复杂、生物量最大、环境的生产潜力得以充分发挥，这些正是衡量生态平衡的指标。课堂生态是一个人工生态系统，与自然生态略有差异，但是当它处于平衡态时，也同样具有类似的特征：课堂生态因子之间相互作用，相互制约，且能充分发挥效能；课堂学生数达到最大最适量，并能保持多样性、个性化发展；教师也同时得到专业发展，并反哺教学，形成师生共生的良性循环。然而当前，大数据信息化语境下的大学英语课堂生态，由于种种原因，还处于非平衡态，系统结构还不够合理，系统功能未能得以充分发挥，育人功能没有得到充分释放。如何调适大学英语课堂生态的平衡？这是当前摆在外语教育工作者面前亟待解决的问题。

本章将首先阐明重构大学英语课堂生态调适的前提条件，然后运用生态学、系统科学和教育学相关理论，从调适原则、调适路径两个层面，探讨如何通过信息技术与外语教学的有机整合，重构大学英语课堂生态，构建大学英语生态课堂。

第一节　大数据时代大学英语课堂生态调适的前提

重构大学英语课堂生态，必须坚持以信息化为语境并正确认识现代信息技术的生态位。前文已经客观描述了现代信息技术的广泛应用给传统的大学英语课堂生态造成的扰动和失衡（参见第三章），并从生态的视角系统地剖析了课堂生态失衡的发生机理（参见第四章）。那么，如何重构大学英语课堂生态？理论上说，要重构课堂生态的平衡，有三条路可走：一是在外语教学中完全摒弃现代信息技术，让课堂生态重回原初的平衡态；二是利用系统的自组织能力和反馈调节，逐渐实现系统的自然平衡；三是通过积极主动的外力介入（即主动调节），帮助系统重构信息化语境下的课堂生态平衡。大数据信息化语境下大学英语课堂生态的失衡与调适，然而，理性分析下的出路只有一条，那就是积极主动地介入课堂生态平衡的重构。第一条路是典型的因噎废食，是一种消极的、倒退的做法，没有考虑到信息技术应用的必要性、重要性和不可逆性。信息技术在外语教学中的应用，既是科技迅猛发展所带来的良好机遇和必然结果，也是我国教育现代化、教育信息化的客观要求。而且，事物的发展存在时间的单向性，随着时间的流逝，事物的变迁，即便不使用现代信息技术，真正回到从前的状况也是不可能的，更何况信息技术在大学英语课堂中的使用已经给系统其他因子，如教师、学生等观念、期待、动机、情感带来了影响，给系统造成了极大的扰动，所以，现代信息技术的应用是不可逆的过程，明智的做法就是正视它的存在和影响，以动态的、发展的眼光，积极主动地、科学合理地运用信息技术，坚定不移地推进外语教学信息化。第二条路对自然生态来说是一个较好的选择，但对教育生态来说，时间成本较大，尤其是一个受到剧烈扰动的生态系统，如果完全依靠自我调节恢复到初始的稳定状态，那将是一个漫长的演变过程，甚至难以实现，因为生态系统的自动调节能力具有一定的限度，即生态阈值。如果外来的冲击超越了系统的生态阈值，自动调节能力则会降低甚至消失，生态平衡难以恢复。对课堂生态等人工生态系统而言，积极合理的干预和调节才是明智的选择。因此，解决课堂生态失衡问题必须以继续应用现代信息技术为基本前提，借助信息技术的牵引力，在远离系统平衡态的区域建立有序结构，即耗散结构，或者采取一定的方法和策略，帮助系统在临近平衡区域构建新的平衡，完成系统的阶段性演化。

坚持在信息化语境下重构大学英语课堂生态，必须正确认识现代信息技术在外语教学中的重要地位和引领作用。随着现代信息技术自身的迅猛发展及其在教育领域应用的逐渐深入，信息技术所扮演的角色已悄然改变。在发达国家，信息技术教育应用大体经历了三个发展阶段，即始于 20 世纪 60 年代初期的计算机辅助教学阶段（CAI）、始于 20 世纪 80 年代中期的计算机辅助学习阶段（CAL）和始于 20 世纪 90 年代中期的信息技术与课程整合阶段（IITC）（何克抗，2005），信息技术环境下学与教的方式也相应发生了演变，以教师为中心的教学逐渐向以学生为中心的教学过渡，信息技术的角色也从作为演示和个别辅导的工具转变为信息加工、协作和交流、认知和探索的工具，混合式学习成为重要的教学模式，情境的创设成为支持有效学习的手段，生态教学观逐渐成为信息化教育新理念。如今，早期的计算机辅助教学已完全被信息技术教育所取代，信息技术也从辅助教学的角色逐渐演变为主导和引领教学的角色。计算机等现代信息技术已经不仅仅是教与学的辅助工具，而是已经从辅助走向主导，成为外语课程中必不可少的有机组成部分，计算机辅助教学模式也将演变成信息技术主导教学模式。从工具论的视角看，信息技术承担了教师的教学工具和学生的认知工具角色；从生存论的视角看，师生信息技术素养关涉到信息时代的教师何以为师的职业生涯状态及学生何以为学的自我存在方式；从媒介论的视角看，信息技术既是教材呈现的主要方式之一，也是学生不得不掌握的专业知识的一部分；从教育哲学的高度来看，信息技术是构成现代外语教学的主要媒介、工具和方法论。在外语课堂生态中，信息技术已深深渗透到教师、学生、环境等生态主体和环境因子之中，影响和制约着各生态因子之间的交互以及系统的运行状态。在重构课堂生态的过程中，一定要准确理解现代信息技术的生态位，减少课堂生态因子之间的生态位重叠，缓解因生态位重叠所带来的激烈的竞争排斥关系。

第二节　大数据时代大学英语课堂生态调适的基本原则

所谓原则，就是说话、行事所依据的准则。好的原则能正确地反映事物的客观规律，一般都具有高度概括性和不言自明性，能引导和规范人们的思想和行为，对人们观察问题和处理问题具有指导意义。本研究认为，重构大学英语课堂生态，需要在思想和行动上遵循生态性原则、系统性原则、人本性原则和有效性原则。

一、人本性原则

人本性原则就是坚持以人为本。在重构大学英语课堂生态的过程中，必须坚持以人为本，具体地说，就是以学生为中心，建立和谐的师生关系，实现师生共生的价值追求。以人为本是人本主义教育思想的核心内容。人本主义教育思想古已有之，中国古代传统的儒家"人本"教育思想承认人的高贵，肯定人的价值，认可人的潜力，重视人的个性。他们认为，教育的功能就在于帮助人们发现自己的高贵，认识自己的价值，发挥自己的潜能，发展自己的个性，实现自己的价值。20世纪五六十年代，美国兴起人本主义教育思潮，崇尚心智潜能的自由运用和个性和谐发展的教育理念，肯定人的价值和尊严，认为教育的目标就是促使人的潜能得以实现。根据人本主义思想，每个人都有各自的价值，都有不同的潜能，都有差异化的个性。教育的过程，就是帮助每个人发现人的价值、发挥人的潜能、发展人的个性、获得自我实现的过程。我国当代教育人本论的核心思想也是"以人为本"，以人性为本位，尊重、关心、理解、信任每一个学生，帮助学生发展个性，实现自我。不同历史时期的人本主义教育思想虽有所不同，但却具有一些共同的特征：重视"全人"教育，以个体的全面发展为教育目的；重视建设和谐的师生关系；教学过程重视学生的主体作用。

坚持以人为本，以学生为中心，首先要以培养"完整的人"为目标。罗杰斯认为，"完整的人"实际上是指躯体、心智、情感、精神等力量融会于一体的人，是一个知情合一的人，是一个能批判性自主学习、具有创新意识、主动适应周围环境和满足社会变革需要的有用人才。要建立平衡和谐的大学英语课堂生态，就必须在课程的设计、教材的编写、教学方法和方式的选择、学习环境的构建、师生的相处、教学评价的实施等方面贯彻"全人"教育目标，既培养学生的交际能力（包括语法能力、社交能力和策略能力），还锻造学生的体魄和心智，培养学生积极、健康的情感和人格。

坚持以人为本，以学生为中心，就要确立学生在学习中的主体地位。教学过程中，应认识到学生在外语习得中的主体作用，承认和尊重他们在学习中的主体地位。建构主义学习观认为，学习不是教师把知识简单地传递给学生的过程，而是由学生自己建构知识的过程。学生不是简单被动地接收信息，而是主动地建构知识的意义，这种建构是无法由他人来代替的。因此，在构建生态外语课堂的过程中，教师应转变观念，创造条件，努力增强学生的主体意识，激发他们的主体积极性，让英语学习者有机会主动地选择自己的学习方式、学习环境、学习时间、学习地点、学习内容和学习速度；要相信学习者的能动性和创造性，帮助他们变被动学习为主动学习，变依赖性学习为自主性学习，变知识性学习为能力拓展，使他们最终学会学习，将已有的主体性发挥到更高的水平。我们常说，外语最终是学会的，而不是教会的，正如我们只能在游泳的过程中学会游泳一样。因此，教师应将学生置于语言学习活动的中心位置，课堂活动尽量围绕学生开展，使学生成为班级的主人，课堂的主人，一切学习活动的主人。

坚持以人为本，以学生为中心，需要倡导个性化教学。生态平衡的一个重要特征是物种多样化、个性化发展，要重构生态课堂，也必须允许学生个性化、差异化发展。要充分利用现代信息技术的优势，大力开展大学英语个性化教学，促进学生自主学习和研究性学习。个性化教学内涵丰富：培养独特的、独立的、身心和谐统一的个体，是目的意义上的个性化教学；教师个性化地教的过程和学生个性化地学的过程是过程意义上的个性化教学；针对不同的个体采取个别化、差异化的教学方法、模式和手段，是手段意义上的个性化教学。

本研究认为，个性化教学就是要充分考虑师生，尤其是学生的个体差异和个性特征，以学习者为主体，以个性化、差异化的教学方法和手段，促进学习者个性化建构知识、发展能力和锻造品格，帮助他们最终获得自我实现。要合理整合现代信息技术与课堂教学，坚决改变传统的"以教师为中心"的各种做法；教师要摆脱传统课堂中权威者、全知者的角色定位，更好地利用现代信息技术，履行组织者、管理者、助学者的角色；教师要改变"一言堂"的知识灌输，而是要让学生积极参与到教学活动中；教师要改变过去批量化、方阵式教育，改变过去求同去异、截长补短的做法，以便学生发展各自的特长。

坚持以人为本，以学生为中心，还需努力建设和谐师生关系。人本主义教育思想的重要代表人物罗杰斯认为，建立和谐、融洽的师生关系，学生对学习就会产生安全感，并认识自身价值，增强学习的信心，其创造潜能得以发挥，独立个性得以形成。和谐的师生关系还有助于提升师生之间的信息传递和情感交流，不和谐的师生关系则会导致课堂生态系统的情绪失衡。在平衡和谐的课堂生态中，教师情绪饱满，乐观向上，而且能通过各种方法和手段调控自己和学生的情绪；学生则对学习充满信心，充满兴趣，学习主动性强，积极性高，课堂秩序好，并乐意配合教师完成各项课堂任务。因此，新的课堂生态平衡的构建必须以是否有利于构建和谐师生关系为重要考量之一。至于如何构建和谐的师生关系，将在后文详细叙述。

坚持以人为本，还须在以学生为中心的前提下，同时关注教师的发展。生命课堂观认为，课堂生活是师生人生中的一段重要构成部分，师生在课堂的教与学过程中，既学习与生成知识，又获得和提高技能，最根本的还是师生生命价值得到体现，使课堂生活成为师生共同学习与探究知识、智慧展示与能力发展、情意交融与人性养育的殿堂，成为师生生命价值、人生意义得到充分体现与提升的快乐场所。师生共生也是生态课堂的价值追求。教师在学生进步的同时能获得愉悦的心境和专业的发展，教师专业能力的提升又能进一步提高课堂教学质量，促进学生的健康成长，循此进入良性循环，实现师生共生。因此，在重构大学英语课堂生态的过程中，不仅要考虑到学生的成长，还应关注教师自身专业的发展，以便形成师生共生的局面。教师和学生在生态课堂中成为一种合作的关系，师生之间在教学活动中互相支持，互相依存，师生间、生生间可以实现交往与合作，达到教学相长、共同发展的目标。

二、生态性原则

生态性原则主要是指以生态的视角为研究路向，以生态学研究方法为主要手段，以生态学理论为主要依据，以生态化为价值取向，观察、分析和解决课堂生态失衡问题。就大学英语课堂生态的重构而言，坚持生态性原则，首先就是要坚持以生态的视角来认识课堂及课堂教学的本质，观察、发现和分析课堂教学中所出现的问题。从传统教育学的视角看，课堂就是进行各种教学活动的场所，课堂教学就是教师在课堂上传授知识的过程，课堂教学问题就是影响教学效果的方方面面的问题。然而，从生态的视角看，课堂从本质上是一个微观生态系统，课堂教学就是生态系统通过各生态因子之间的交互而实现能量流动和信息传递的过程，课堂教学问题实质上是课堂生态系统结构和功能上的问题，包括结构上的失衡和功能上的失调等。要重构信息化语境下的大学英语课堂生态，就必须从生态的视角认证课堂的身份，认识课堂的生态性，主动发现课堂生态系统中所出现的各种问题，分析课堂生态系统之所以出现失调和失衡的原因，因病施治，对症下药。

坚持生态性原则，其次体现在以生态学研究方法为主要手段。生态学作为研究生物与环境之间相互关系的一门学科，经过一百多年的发展，已经形成了本学科的研究方法，主要包括原地观测、受控实验和综合分析。现代生态学在突破传统的自然科学界限并向人文社科领域拓展之后，在方法上也更加注重层次性、整体性、系统性和协同性。运用生态学研究方法探究教育问题，是教育生态学的研究范畴。作为跨越教育学和生态学两个领域的一门独立学科，教育生态学借鉴了这两门学科的研究方法，并在吸收系统科学研究成果的基础上有所发展，主要路径是通过类比的方式将生态学研究方法移植到对教育问题和教育生态的研究中，坚持跨学科研究，融会贯通系统论、协同论、耗散结构论等系统科学的研究方法和生态学的方法技巧，坚持从整体、分层、系统、协同等多维度研究教育生态。研究教育的微观生态，有时也运用现代科学技术手段，采用精确的定量分析和实验，对教育系统的细小部分进行详细的研究；研究教育生态系统，要把握系统的全部基本要素及其动态情况；抽样调查法、统计学方法、类比法、观察实验等方法都可以采用。研究大学英语课堂生态，可以运用课堂观察、教学实验和综合分析的方法，融会贯通生态学、系统科学和教育学的相关理论，研究大学英语课堂生态系统中各组分的结构和功能，研究它们之间的相互关系、它们与系统整体的关系以及系统整体与外围环境之间的关系，发现和分析课堂生态系统结构和功能上的失调与失衡，探究失调和失衡的原因，找出应对策略，重构和谐共生的外语课堂生态。

坚持生态性原则，还体现在生态学理论在大学英语课堂生态研究中的具体运用。近年来，由于现代信息技术的大量介入，传统的大学英语课堂生态出现了一些结构上的失衡，包括系统组分构成比重的失衡、系统组分之间交互关系的失谐以及系统内部营养结构的失衡。在功能上，大学英语课堂生态也出现了失调状况，包括结构优化功能衰减、关系调谐功能减弱、演化促进功能退化和生态育人功能降低等问题。要解决好这些问题，重构大学英语课堂生态，必须坚持灵活地运用生态学的相关理论，如限制因子理论、生态位理论、生态链法则、最适密度原则和花盆效应等，本着适度调控、整体优化、平衡和谐、良性循环、互动共进、差异多样等原则，构建信息化语境下的大学英语课堂生态。

坚持生态性原则，还体现在以生态化为课堂教学的价值取向，也就是以构建生态课堂为目标。生态化的课堂教学所追求的目标境界是：课堂教学不仅要关注学生的认知过程，关注知识传授，还要关注学生的情感、态度以及价值观，更要关注学生的成长过程和学生的全面发展，为学生的发展提供一个和谐自由的环境，实现教育的生命价值。除了对学生全面、个性、自由发展的高度关注，生态化的课堂还关注教师的专业发展，与学生的全面发展形成良性互动。就大学英语课堂生态而言，实现生态化就是要对异化的课堂进行生态化改造，重构课堂生态平衡，创建大学英语生态课堂。生态课堂是一种理想化的、教学成效最佳的课堂，是课堂的一种应然状态。生态课堂是指为了实现师生持续发展，在生态理念指导下建立的整体关联和动态平衡的课堂形态。生态课堂观认为，生态课堂是一个联系的课堂、发展的课堂、和谐的课堂、共生的课堂。生态课堂的内涵包括课堂中和谐平衡的环境生态、文化生态、行为生态、心理生态、关系生态等，更具体地说，生态课堂追求和谐共生的生态课堂环境，民主平等的生态师生关系，互动对话的生态课堂交往，动态发展的多元评价机制。本质上说，生态课堂是一种内外关系和谐的、利于师生共同成长的课堂生态。构建生态课堂，可以立足于对现有课堂的生态进行考察、分析，帮助低层次的、欠和谐的、失衡的课堂生态系统演化为高层次的、和谐的、平衡的课堂生态系统。

三、系统性原则

系统性原则主要是指坚持从系统的视角，运用系统论观点和方法研究问题。

20世纪70年代以来，生态系统成了生态学研究的重点和方向。随着教育生态学的发展，教育生态系统及其失衡与平衡问题也随之逐渐成为教育生态学研究的中心课题。基于对教育生态系统复杂性的认识，人们提出将复杂科学的原理和方法引入教育系统的研究中，包括系统论、信息论、协同论、耗散结构论等。

大学英语课堂生态虽然只是一个微观教育生态，但仍具有系统的复杂性，包括复杂的结构关系、交互关系和动态平衡性。大学英语信息化教学改革的过程也是一个复杂的过程，很多因素难以控制，虽然在改革之前已经充分考虑到各种因素及其影响，然而，改革过程中依然会不可避免地存在一些事先没有考虑到的因素或者出现一些新的意料之外的情况，比如主管部门政策的改变、调整或重新解释，主管领导的离任或调岗，关于改革成效的反馈信息不理想等，因此需要在复杂理论的指导下运用系统分析的方法进行研究。鉴于此，重构信息化语境下的大学英语课堂生态，必须坚持系统性原则。

坚持系统性原则，就是运用系统科学相关理论和方法研究课堂生态，解释课堂生态失衡的机理，探寻和谐共生的课堂生态的构建策略。系统科学相关理论主要包括系统论、信息论、控制论等"老三论"和耗散结构论、协同论、突变论等"新三论"，系统研究方法主要是指"分析＋综合"的研究范式，把分析和综合辩证地结合起来，既对系统的组分、结构、功能、关联等予以分析，又对它们进行综合的系统考察。系统研究要坚持动态的观点，把系统放到动态的运动中去把握，从中找出系统的动态规律，在动态中协调整体与部分的关系，使部分的功能和目标服从于系统总体的最佳目标，以达到整体最优。系统研究要坚持全局的观点，从全局看局部，研究局部与局部之间的关系、局部与全局之间的关系、系统与环境之间的关系，而不是机械地、孤立地对课堂生态复杂性进行分析研究。系统研究要坚持联动的观点，系统内部诸要素之间相互作用，相互影响，任何一个组分的变化都会对别的组分带来联动效应，从而影响到各要素之间的相互关系，甚至系统整体的平衡。

坚持系统性原则，尤其应该体现在对以下问题的探讨中：如何优化或重构大学英语课堂生态结构？如何调谐课堂生态中各生态因子之间的关系？如何利用反馈信息调节课堂生态系统的平衡？如何运用最优控制理论实现课堂生态的最优化？如何运用自适应控制理论来预测和预防课堂生态系统的失衡？如何利用外界条件的改善，比如现代信息技术的应用，促使系统失衡而发生突变，从而建立新的稳定结构或耗散结构？等等。

四、有效性原则

有效性原则就是坚持有效教学，坚持以好的教学成效作为一切教学活动的目标指向和评价标准。在重构大学英语课堂生态的过程中，必须以追求好的教学成效为出发点，整合现代信息技术与外语教学，创建生态课堂，实现有效教学。自有教学活动以来，人们就一直追求教学的有效性。孔子倡导启发式教学和因材施教，认为学生要"温故而知新"，"学而时习之"，苏格拉底倡导"产婆术"，即教师通过讽刺（连续巧问使学生陷入矛盾并承认无知）、助产（启发学生思考）、归纳和定义（帮助学生掌握明确的定义和概念）等步骤传授知识，这些都是对教学方法及其效果的关注。孔子非常注重培养弟子"告一隅而知三隅""闻一而知十"的能力，夸美纽斯创立班级教学制，都体现了对教学效率的追求，都是朴素的有效教学思想。作为概念化的教学理念，有效教学则源于20世纪上半叶西方的教学科学化运动，比较早的、系统的相关研究出现在20世纪60、70年代，我国则于20世纪80年代初期开始关注对有效教学的研究。当代中西方关于有效教学的研究主要聚焦于有效教学的概念、特征、分析范式、研究方法和评价标准。

有效教学的概念并不难理解，但定义很多，学界尚未形成统一的看法。陈晓端教授等（2005）通过对西方有效教学研究进行系统考察后发现，西方学者对有效教学的解释可以归纳为三种：①目标取向的定义，比如，有些学者认为，有效教学就是指学生在教师的指导下成功达成预定学习目标的教学；②技能取向的定义，比如，有学者认为，有效教学就是通过一系列可获得、可改进、可发展的教学技能来完成的教学；③成就取向的定义，比如，有学者认为，有效教学就是能够帮助学生提高学习成绩的教学。范蔚等（2010）将有效教学的定义归为三个不同的视角：①教育经济学的视角，比如，有学者认为，有效教学就是有效果、有效率、有效益的教学；②普通教育学的角度，比如，从教师的角度说，有效教学就意味着教师能够有效讲授、有效提问和有效激励，从学生的角度说，有效教学就是能够促进学生进步和发展的教学；③结构分析的角度，将有效教学分为表层（教学形态）、中层（教学思维）和深层（教学理念），认为有效教学是从理念到思维再到形态的动态转化过程。皮连生等（2011）认为，从科学取向的教学论来看，有效教学的理论必须明确回答三个问题：①带领学生去哪里？②怎么带领学生去那里？③怎么确信学生已经到达那里？这三个问题旨在确定教学目标、关注达到目标的过程和方法、评价追求目标的过程与方法是否有效以及目标是否达成。

本研究认为，简单一点理解，有效教学在目标上就是促进学生知识、能力、性格的健康发展，在过程上就是教师有效地教和学生有效地学，在结果上就是实现预期的教学目标和教学效益。大学英语信息化教学改革的出发点，正是要充分利用现代信息技术，提高大学英语教学成效，提升大学生英语实际应用能力、自主学习能力和跨文化交际能力，同时改变社会上对大学英语教学"费时低效"的指责。因此，基于信息化的大学英语教学改革从一开始就以有效教学为目标指向。在科学整合现代信息技术与外语教学、重构大学英语课堂生态的过程中，必须继续坚持有效性原则，始终以是否有利于教师有效地教和学生有效地学、是否达到预期教学效果为评判标准，调整课堂生态的结构，发挥生态课堂的功能，实现生态课堂的目标。这也正是有效教学最新的发展趋势——生态化取向。姚梅林（2003）认为，学习理论从行为取向到认知取向再到情境取向的变革，使有效教学呈现出相应的发展趋势：从为行为结果而教学的教师中心取向，到为认知建构而教学的学生中心取向，再发展到为情境性认知而教学的生态化取向。生态化取向的有效教学强调，有效教学应该统筹考虑学习者、教育者、教学内容与环境等各个要素，将学生的学习与发展置于开放性的、与外界不断互动的生态化的系统中来考虑。重构大学英语课堂生态的平衡，就是要以有效果、有效率、有效益为价值取向，调整改变教师、学生、环境等课堂生态系统内部结构各要素，协调发展课堂生态因子之间的交互，提高课堂生产力。

第三节　大数据时代大学英语课堂生态的调适路径

路径即道路，指的是通向目的地的路线。本文中所提的重构路径指的是重构大学英语课堂生态平衡的思路和方法，具体地说，就是通过发挥信息技术作为主导因子的引领作用、控制课堂生态中的限制因子、调整课堂生态因子的生态位、引导系统各组分同步协变、规避课堂环境构建中的花盆效应、重塑互动对话的生态课堂交往、恢复信息化课堂的生态功能、保持课堂生态的活水效应等方法，优化课堂生态结构和功能，促进课堂生态的修复。

一、规限英语教学课堂生态中的限制因子

生态学中的耐受性定律认为，任何一个生态因子在数量上或质量上的不足或过多，即当其接近或达到某种生物的耐受限度时，都会影响甚至阻止该种生物的生存、生长、繁殖、扩散和分布，成为生态系统中的限制因子。在课堂生态中，各生态因子之间相互作用，既受系统内其他因子的影响，又反过来影响着其他因子，最终影响到课堂生态主体的成长。当这种影响接近或达到课堂生态主体的耐受限度时，则演变成为限制因子，破坏着课堂生态的平衡与和谐。要重构外语课堂生态平衡，就必须控制课堂生态中的限制因子。

要控制课堂生态中的限制因子，首先必须辨识诸多生态因子中谁是真正的限制因子。如何甄别？必须进行有意识的观察，观察之前要增强如下意识：第一，每个生态因子都可能演变成为限制因子；第二，限制因子有别于一般的影响因子，其影响已经接近或达

到课堂生态主体的耐受限度；第三，该因子阻碍了课堂生态主体的成长。以现代信息技术为例，虽然我们提倡外语教育信息化，但是如果应用不当，也会对课堂生态产生负面影响。陈坚林认为，信息技术在外语教学中的应用存在三种失调现象：①低值使用技术（underuse of technology）；②过度使用技术（overuse of technology）；③滥用技术（abuse of technology）。试想，在教育信息化的大背景下，如果一个教师从来不使用多媒体教学，是否不利于师生的成长？如果一个学生从来不参与大学英语网络自主学习，他是否还能正常地进步？反过来，如果一个老师过度依赖或过度使用多媒体教学，效果又会如何？如果一所学校大量削减课堂面授，让学生大部分时间都在网上自主学习，结果又会如何？毫无疑问，这些做法都会干扰教学系统的平衡，对教学产生比较严重的负面效果，在这些情况下，信息技术就演变成了限制因子。其他生态因子也是如此，关键是度和量的问题，比如，上网学习时间要适量，网络资源要适量，课堂活动要适量，多媒体课件的使用要适度，师生的信息素养不能太低，班级人数不能太多等等。一般来说，走向极端的度和量都会将这个生态因子演变为限制因子，导致系统中的某种失调或失衡。

要控制课堂生态中的限制因子，关键在于控制该生态因子面临的可能性空间。课堂生态系统中的任何一个生态因子都存在着多种发展的可能性，这种发展变化中各种可能性的集合就称为可能性空间。控制论认为，一切控制过程，实际上都是由三个基本环节构成的：①了解事物面临的可能性空间是什么；②在可能性空间中选择某些状态定为调控目标；③控制一些条件，使事物向既定的目标运行或转化。以外语考试过程中作弊现象严重这个问题为例，如果作为教师的我们想控制学生的作弊行为，则首先应该思考学生作弊的可能性空间。从作弊方式来看，可能通过书、笔记、手机、微型电子设备等作弊，还可能通过偷看同学答卷或偷偷与同学交流的方式进行。从作弊的时机来看，可能利用上厕所的时候作弊，也可能在临交卷的时候作弊，等等。这些可能性就构成了学生作弊的可能性空间。然后我们就以不让学生作弊得逞为目标，控制一些条件，如禁止考试过程中与其他同学交流，禁止携带书、笔记、手机、电子设备等进入考场，限制或监视学生上洗手间，在教室安装手机屏蔽仪等，通过这些措施，使有作弊倾向的学生在考试过程中无法作弊。再以网络自主学习为例，有些学生会在网络自主学习上造假，这种虚假学习的学习方式会对学生的成长产生极大的负面影响，有可能成为课堂生态中的限制因子。为了控制这种现象，我们首先就要分析学生网络自主学习造假的可能性空间，是上网时间上有可能造假，还是上网主体上可以造假，抑或是上网答题的答案可以作假？等等。然后，针对这些可能性，控制一些条件，如完善教学平台的设计，增强上网学习者的身份认证，设定在线记录学习时间的前提条件，改进提供答案的时间和方式，等等。

要控制课堂生态中的限制因子，还在于根据反馈信息进行调节。控制论认为，控制和调节都是由一个方向相反的校正活动来补偿，如同驾驶汽车，如果发现行驶方向太偏左，就必须向右校正，反之亦然。在课堂生态中，需要调控的限制因子是受控主体，实施调控行为的生态主体是施控主体，施控主体在分析受控主体运行的可能性空间的基础上，通过限定一定的条件控制受控主体，并从受控主体获得反馈信息，如果是正反馈，则需进一步调控，如果是负反馈，则调控起到了使系统运行接近目标的作用。在信息化外语课堂教学过程中，教师和学生都要养成不断观察和分析的习惯，预测或发现限制因子，然后通过分析和条件控制进行调控，同时获取调控后的反馈信息，判断调控行为是否有效。比如，当信息技术介入外语课堂后，可以通过分析预测到教师信息素养不高可能产生的负面影响，于是通过教育培训等手段进行调控，获得反馈信息，然后再调控，直至达到预期目标。

二、注重课堂生态因子生态位的科学调适

生态位理论认为，生态系统中的种群或物种个体都具有自己的生态位，即一定的时空位置和功能，并以此保持系统的正常运行。教育生态学视界中的生态位主体并不局限于种群和物种，而是包括系统的所有组分。因此，课堂教学生态中的所有要素，包括教师、学生、教材、教学方法、信息技术、课堂布局、规章制度等，都具有各自的生态位。信息技术强势介入外语课堂教学后，逐渐演变成为课堂的主导因子，带来了系统内部生态位重叠、生态位分离、生态位特化等问题，影响了系统各组分之间的和谐关系，造成了系统的失衡。要重构大学英语课堂生态，就必须调整课堂生态因子的生态位。

信息化语境下教师的生态位需要调整。传统课堂中的教师一直是知识的转化者和生产者，是学生学习知识的主要源泉，而信息化课堂中网络资源、多媒体课件以及学生本身都可能成为知识的转化者和生产者，与教师的传统生态位出现一定的重叠，甚至出现竞争排斥现象。比如，有些学生因为在网络自主学习中已经认真学习了相关内容，面授课时就不愿认真听讲，甚至缺勤。学生在学习上遇到问题，也不一定需要向老师提问，还可以问问百度或在网络论坛上问问同学。这种生态位的重叠要求教师必须改变"传道、授业、解惑"的传统角色，积极主动地探索新的课堂身份。此外，现代信息技术还给教师带来了生态位特化的问题。

过去的教师如果要讲解一个单词的用法，必须认真查阅字典，寻找合适的例句，记到脑海中，以便上课时使用。虽然备课很辛苦，但对专业发展很有好处。随着信息技术的广泛使用，现在的教师如果缺少课件，上网搜索下载即可，要教学生发音，放放音频文件即可，资源丰富造成了生态位特化，影响了教师的专业发展，这些都需要引起我们的足够关注并加以适当调整。

信息化语境下学生的生态位也需要调整。随着外语教学信息化的推进，学生的地位和功能也发生了显著变化，他们再也不只是知识的被动接受者了，而是知识的主动建构者和生命价值的实现者，他们还可能是知识的分解者和生产者。随着以教师为中心的课

堂逐步演变为以学生为中心的课堂，学生的角色和地位也必须进行相应调整，学生必须提高主动学习的意识，积极主动地参与各种课堂活动和网络自主学习，并积极主动地和老师建立平等和谐的师生关系。另外，生态学的竞争排斥原理揭示，当两个或更多的物种共同分享一定的生态位空间时，会出现竞争排斥现象，一个物种会被另一个物种挤占空间甚至完全排挤掉，被迫发生生态位分离。根据这一原理，我们的外语教学既要保持适度的竞争，以激发学生的斗志，同时也要通过差异化、个性化培养来规避学生之间激烈的竞争。基于信息化的分级教学和个性化教学有助于学生找准各自的生态位，在一定程度上避免同学之间因竞争而导致的生态位重叠。此外，选课制也有助于学生根据自己的学习风格选择不同教学风格的教师，根据各自的兴趣倾向选择不同的课程。

由于现代信息技术的广泛深入影响，信息化语境下的其他课堂生态因子也都出现了一定的生态位变化，需要根据教学目标作进一步调整。比如，纸质教材与网络多媒体学习资源之间的生态位重叠，传统课堂教学与网络教学的生态位重叠，以教师为中心的教学法与以学生为中心的教学法的生态位重叠，等等，这些不再一一详述。

三、以信息与技术来引领课堂生态的重构

信息技术对教育发展具有革命性影响，是推动教育模式演变的一个重要力量，必须予以高度重视。在大学英语信息化教学改革进程中，准确理解信息技术在课堂教学中的生态位，有助于充分发挥信息技术的引领作用，带动课堂生态中其他因子进行结构和功能调整，从而修复改革初期因信息技术的广泛应用而给课堂生态造成的失衡。

基于信息化的大学英语教学改革已推进了近十年，广大教育工作者对信息技术在外语教学中作为主导因子的重要地位也有了逐渐清晰的认识。许多学者认为，计算机网络等信息技术在外语教学中的生态位理应随着改革的不断深入而发生改变，初期的辅助教学功能应该转变为引导教学改革的重要力量，并在很大程度上决定着教师教的方式以及学生学的方式，师生的信息素养也在很大程度上决定着其是否能够成为一名合格的教师或学生。信息技术已经不再是外语教学中若有若无的展示工具，而是教学中不可或缺的教学工具、认知工具和教学主客体的存在方式。信息技术的主导地位一旦确立，课堂生态中其他生态因子必然会随之而动，作为课堂生态主体的教师和学生就会为了追求教学成效和自身发展而主动转变教学观念，自觉提高信息素养，积极改变教学方式，主动调整课堂交互，作为课堂生态客体的课堂环境和气氛也会因应而变，课堂规章制度也会相应调整，原先失衡的课堂生态就会逐渐修复。

要充分发挥信息技术的引领作用，首先必须在政策层面敢于大力推进大学英语教学信息化进程。10 年前，教育部高教司清晰地认识到教育信息化的必然趋势以及大学英语教学改革的内外需求，制定了一系列相关政策，出台了一系列相关文件，采取了一系列相关举措，大力推进基于信息化的大学英语教学改革，打破了已经丧失生产活力的外语

教学"死"平衡，给外语教学方面面带来了很大改观，同时，也给课堂生态系统造成了巨大的扰动和失衡。在此情况下，如果继续大力推进信息化教学改革，采取相应举措，有望使课堂各要素因协同作用而形成合力，帮助课堂生态在远离平衡区域实现突变，并逐渐形成耗散结构，实现教学系统新的动态平衡。然而，由于一些主管领导对教改反馈信息，尤其是系统失衡的过度解析，很多高校推进大学英语信息化教学改革的决心和力度大大减弱，信息技术难以发挥其引领作用，系统重回线性区域的失衡状态。需要指出的是，平衡是相对的，失衡是绝对的，失衡有程度之分，最低程度的失衡是孤立系统接近静态的平衡和开放系统在线性区域随着时间推移而获得的近平衡，中等程度的失衡是开放系统在外力作用下围绕线性区域出现的一定幅度的波动，较大程度的失衡是协同作用导致系统在接近临界点的区域形成最大的合力而发生突变的结果。

本研究认为，在充分认识到信息技术对教育发展具有革命性影响的前提下，应该允许教学系统在一定阶段出现较大程度或者中等程度的失衡，然后通过信息技术的引领作用和外部力量的主动干预，实现系统新的平衡。

要充分发挥信息技术的引领作用，其次必须实现信息化教学的常态化和深层化。基于信息化的大学英语教学改革已经经历了多年，然而有些高校仍然存在信息化教学的表演化和表层化倾向。表演化是基于动机的一种说法，其目的不是为了教学的有效性和生态化，而是源于形式主义，其原因是没有真正认识到信息技术的重要作用。表层化是基于技术应用的程度和层次而言，其原因是工作推进的力度不够或方法欠妥。当前，外语教学信息化已经进入到一个发展和应用相对缓慢和集中反思的高原期。在新的改革时期，要实现外语教学信息化的可持续发展，就必须尽力推动信息化外语教学的常态化和深层化。常态化是指信息技术教学应用的时空广泛性，深层化是指信息技术与外语教学的有机整合。通过常态化和深层化地应用现代信息技术，促进信息化教学从粗放型发展模式向内涵式发展模式转换，使信息技术在外语教学理论、教育学理论以及教育技术理论背景下，通过与外语课程的整合过程，逐步渗透内化为外语教育技术，在课堂生态结构和功能调整过程中充分发挥引领作用，促进课堂生态的重构，提高外语教学的效果、效率和效益。

四、引导课堂生态系统各组分构成的协调

信息化语境下的大学英语课堂生态出现了失衡现象，其重要表征之一就是课堂生态系统各组分构成比重的失调，出现这种结构上的失调主要是因为系统内部各组分没有与信息技术这个主导环境因子同步协变。要重构信息化语境下的大学英语课堂生态，就必须主动干预，想方设法引导系统各组分随着信息技术的介入而发生改变。

大学英语课堂是一个微观生态系统，系统中的生物成分就是教师和学生，包括群体

和个体，系统中的非生物成分就是课堂生态环境，包括课前生成的环境（课堂自然环境、信息媒体环境、师生固有水平等）、课中生成的环境（师生关系、师生课堂态度等）以及课后生成的环境（课堂文化、课堂规章制度等）。当信息技术介入课堂并成为主导环境因子后，由于系统内部各组分之间相互作用、相互影响的原因，信息技术能够在一定程度上引领其他生态因子发生同步协变。然而，由于课堂管理机制不健全、课堂生态主体的观念落后等原因，系统组分同步协变的节奏远远达不到现代教育技术迅猛发展的要求，具体体现为部分师生教学理念更新缓慢、信息素养提高不够、角色调整不到位、新的教学习惯未能养成、学习自主性不高、课堂气氛沉闷等问题。要提高系统组分同步协变的速度和质量，就必须具体问题具体分析，制定相关政策，采取相应举措，解决相关问题。

具体问题具体分析对引导系统各组分同步协变具有重要意义，因为同一个问题背后也可能隐藏着不同的导因，因此需要求助于不同的解决方案。以教学理念更新缓慢问题为例，有些教师是因为缺乏对现代先进教育理念的了解，如果创造机会对他们进行该领域专业知识的培训，则问题可望迎刃而解。可还有一些教师，虽然了解现代先进教育理念，但由于个人喜好、个人习惯、职业倦怠等方面的原因，主观上抵制与信息技术发展相适应的教学理念和教学方法，对这些教师，就不是专业培训所能解决的问题，而是要引导他们或者通过制定奖惩机制约束他们。其他问题，如信息素养不够、角色调整不到位等，也要具体问题具体分析，找出背后的导因，采取相应的解决方案。

师生培训是解决课堂生态主体相关知识缺乏或能力不强的重要手段。要促进师生与信息技术教育应用同步协变，可以开展形式多样的相关培训。对教师，可以进行现代教育理念的培训，帮助他们了解和掌握建构主义教育思想、人本主义教育思想、生态化教学、个性化教学、研究性学习、混合式学习等教育理念；可以开展现代教育技术的培训，帮助他们了解教育信息化的必要性和重要性、现代信息技术与外语教学整合的理论与实践、计算机网络的具体应用、网络教学平台的使用、课件的制作等，提高他们的信息素养。对学生，可以充分利用新生入学教育期间开展学前培训，让他们清晰地了解我们在做什么，为什么这么做，也就是让他们了解大学英语信息化教学改革的意图、目标、内容、现状、问题等，帮助他们自愿、自觉地参与到信息化教学中来，同时，选择合适时间对他们进行相关学习软件和网络教学平台的培训，提高他们信息化学习的能力。建立适宜的奖惩机制和规章制度也有利于促进系统组分的同步协变。比如，对于积极研究和开展网络教学的教师，可以通过制度的形式给予工作量的认可，并作为各种评比的重要参考；对没有按照要求研究和开展网络教学的教师，可以按照一定的规定和程序进行谈话沟通，甚至扣除教学工作量或点名批评。对学生，可以通过改变评估方式来引导和制约他们的网络学习，将学生信息化学习的时间和成效记入该生的形成性评估或终结性评估中。以笔者学校为例，学生的视听说成绩由四部分组成，包括课堂学习情况、网络学习情况、期末口语考试成绩和期末听力考试成绩，其中网络学习成绩占 25%，这项规定在一定程度上促进了学生网络学习的积极性。又如，笔者学校在 2004 年教改初期，学生网络学习的自主性很差，经常利用上课时间看电影、打游戏，为了改变这种局面，我校不但安排了机房值班老师，而且还明确规定，违反网络自主学习纪律的学生一律视为缺勤，达到三次即取消考试资格。虽然随着学生学习自主性的提高，这项规定如今已不再提起，但在当时，确实起到了很好的制约效果。

优化课堂教学环境有助于促进系统组分的同步协变。学校在支持信息化教学的软硬件建设方面，要坚持均衡发展和可持续发展的战略思维，统筹考虑外语教学信息化的客观需求与学校的财力、物力、人力状况，协调发展。在过去几年的改革进程中，笔者接触了很多高校，了解了他们的一些情况，也发现了一些问题。比如，有些学校硬件和软件建设不同步，计算机买了很多，但网络教学软件却安装得很少，不利于学生网络自主学习；有些学校购买了大量的计算机，但在多年以后没有政策和财力支持计算机的更新换代，影响了网络教学；还有一些学校，依然有一些教师只能在没有安装多媒体设备的教室里上课，教学条件跟不上师生教学的需要。课堂软环境的建设也很重要，包括合理利用多媒体课件和网络资源，营造信息化课堂教学氛围，还包括课堂教学规章制度的建立等。需要特别指出的是，在课堂生态中，相对于某个教师或学生而言，其他教师和学生也都构成生态环境，他们总体形成的教风和学风都会影响那个特定教师或学生对信息化外语教学的态度。通过对信息化语境下课堂生态系统各组分进行主动干预调控，在具体问题具体分析的前提下，对不能与信息技术同步协变的师生进行相关培训，建立适宜的奖惩机制和课堂教学规章制度，优化信息化课堂环境，有助于系统各组分在课堂教学信息化的进程中同步协变，改变系统各组分构成比重失调的状况，促使课堂生态重新回到相对平衡的状态。

五、规避课堂环境构建中的学生自主障碍

在课堂生态系统中，环境是与教师、学生相互作用、相互影响的重要因子。

教育生态学视域中的课堂环境因子不仅包括课堂内的物理环境和人文环境，还包括对其他生态主体产生影响的教师和学生以及他们的附属特征，比如他们的教学理念、情感态度等。在构建课堂生态环境时，要以有利于师生共生为目标追求，尽力避免课堂环境对人才培养和教师发展产生负面效应。然而，在外语教学信息化的过程中，在信息技术给外语教学带来巨大便利的同时，课堂生态已然出现花盆效应，不利于师生的可持续发展。比如，一些教师因为电子课件的便利而出现了依赖性，没有课件就已经不会上课了；一些学生因为网络的便利而产生依赖性，没有网络就不会写作了；等等。要规避信息化环境所带来的花盆效应，就必须正确认识信息技术的作用，在教与学的过程中合理地使用信息技术，既要充分利用计算机网络等现代信息技术给教学带来的便利，同时也要关

注自身的可持续发展，尽量避免出现信息技术强迫症或信息技术依赖症。在构建课堂教学环境时，也并非是设备越贵越好，环境越舒适越好，条件越优越越好，而是要以服务于师生可持续发展为目标，合适就好，适当、适量、适时地建设理想的生态课堂环境。

其次，传统的课堂教学环境所滋养的花盆效应还依然存在。在传统课堂中，教师按照制订好的教学计划按部就班地讲解，学生安安静静地坐在教室里认真听讲，这种教与学的方式经过长期的磨合早已达到平衡。在教师包办一切的课堂环境中，学生已经养成了被动学习的习惯，在很大程度上丧失了自主学习能力和元认知策略。这种花盆效应在面对外语教学信息化改革时，依然发挥着作用，阻碍了学生适应信息化教学环境的进程。要减弱传统课堂产生的花盆效应，调和学习主体与学习环境之间的交互关系，就必须大力培养学生自主学习的能力，帮助他们养成自主学习的良好习惯和发展自我计划、自我监控、自我管理、自我评估、自我调整学习行为的元认知策略，培养学生对不同环境的适应能力，扩大学生对环境因子的适应阈值。一名教学经验丰富的好教师一定会在"收"和"放"之间拿捏好分寸，对学生该牵手时要牵手，该放手时要放手；要对学生充满信心，并尊重学生的自主权，不断创造机会锻造他们的环境适应力和竞争力。

六、以互动对话的生态课堂重塑新旧课堂

信息化语境下的大学英语课堂生态出现了失衡现象，另一个重要表征就是课堂生态系统各组分之间交互关系的失谐，主要包括生态主体之间的失谐，生态主体与信息技术之间的失谐以及信息技术与其他生态因子之间的失谐。要重构信息化语境下的大学英语课堂生态，就必须协调系统各组分之间的交互关系，消解矛盾，实现互动对话。

在课堂教学过程中，教师、学生和课堂环境之间需要不断地交往与互动。生态课堂教学观认为，外语学习的过程其实就是学习者的知识和经验与外界环境交往互动的过程。课堂教学交互错综复杂，单从课堂生态主体之间的交互来看，一般存在着教师个体与学生个体之间的交互、教师个体与学生群体之间的交互、学生个体与学生个体之间的交互、学生个体与学生群体之间的交互、学生群体与学生群体之间的交互等。从总体上看，课堂教学交互就是教师个体、教师群体、学生个体、学生群体、课堂的物理环境、课堂的心理环境、课堂教学媒介等组分之间相互交织的复杂网络系统，系统内的交互越复杂，系统就越稳定，越趋向平衡。

然而，在信息技术强力介入外语课堂教学之后，课堂内的很多教学交互出现障碍，导致系统出现了失衡现象。以师生交互为例，在外语教学信息化的进程中，师生之间由于目标上的差异、理念上的不同、师生比例上的失调、师生地位的巨大落差、网络教学产生的空间距离等原因，彼此之间存在交互不足和交流不畅的问题。另外，现代信息技术的广泛应用还与师生信息素养不高、教学理念落后相矛盾，与传统的教材、教学模式、教学环境、教学内容、教学评估相矛盾，阻滞了课堂生态因子之间的交往互动与对话。

　　要重塑互动对话的生态课堂交往，有必要首先分析课堂教学交互的属性。以学生为中心，可以从交互对象、参与方式、交互动机、交互力量、交互意愿、交互距离、交互效果等方面对教学交互进行属性分析和分类。从交互对象看，依据学生是否与自己交互，教学交互可以分为内部交互和外部交互。内部交互是指学生与自己的交互，是一个内外知识交互和内化的过程，学生的学习效果最终取决于自身的内部交互；外部交互是指学生与教师、学习资源、学习环境等之间的交互。从参与方式看，教学交互可以分为直接交互和间接交互。直接交互是指学生直接参与的交互，如学生与教师、学生与学生的交互；间接交互则是指学生没有直接参与的活动，如教师与教师之间、教师与资源之间的交互。从交互动机看，教学交互可以分为合作性交互和对抗性交互。从交互力量看，可以分为交往频繁密切的强交互和疏于交往的弱交互。从交互意愿看，教学交互可以分为学生积极主动自愿参与的主动交互和学生情非所愿的被动交互。从交互距离看，教学交互可以分为近距离交互和远距离交互，这里的距离既包括物理意义上的距离，还包括心理意义上的距离。从交互效果看，可以分为正交互和负交互。正交互是指学生在与教师、学生、环境交互的过程中产生了正向的、有利于学生身心成长的交互效果，反之则为负交互。重塑互动对话的生态课堂交往，必须采用多样化的交互方式，利用计算机网络等现代信息技术的优势，搭建良好的互动平台，激发学生的主动交互，加强学生与教师、学生、学习媒介和学习资源的直接交互，以外部交互促进内部交互，提高教学交互的正向作用。要在重视直接交互的同时，意识到教师与教师、教师与资源之间的间接交互对学生学习的促进作用。

　　重塑互动对话的生态课堂交往，必须激发课堂交往的动力，增强课堂互动的活力。首先，平衡和谐的课堂生态结构是良性课堂交往的重要基础，因此，要充分发挥现代信息技术的引领作用，想方设法促进课堂生态系统其他组分的同步协变，实现各组分构成比重的再平衡；要正确理解和合理调整课堂生态系统内的营养结构，促进系统内的能量流动和信息流通。课堂生态中的基本营养结构是：教师是生态系统里的生产者，将来自外部世界和自我经历的信息（知识）消化转换，以学生能够吸收的方式通过课堂环境传授给学生，学生消化分解这些信息（知识），再通过课堂环境给教师一定的反馈。在生态课堂中，课堂教学交互更加复杂，作为课堂生态主体的教师和学生，相对于不同的对象，既可能是知识的生产者，也可能是知识的消费者，还可能是知识的分解者，他们在复杂的课堂交互网络中，身兼三重角色。其次，友好的物理教学环境也是激发学生课堂交互的重要动力。图文并茂、生动直观的多媒体课件能激发学生的学习热情和参与课堂活动的兴趣，有利于加强学生与教师、学生与教材、学生与学习资源之间的直接交互；学习友好型网络教学平台能为学生的自主学习和课堂交往提供便利，一款精心设计、功能强大的网络教学平台能缩短学生与教师、学生与学习资源之间的心理交互距离，有利于激发学生课堂交往的主动性；舒适的课堂物理环境、合适的座位编排等，都能增强课堂教学交往的动力。再次，良好的课堂人文环境也是促进学生课堂交往的重要因素。平等和谐的师生关系是课堂教学交互的重要动力源，"亲其师，信其道"，和谐亲近的师生关系有益于激发学生高昂的学习干劲和参与课堂活动的动力，创造教师乐教、学生乐学、师生乐于交往对话的平等和谐、充满生机的教学情境和氛围。良好的教风、学风也是课堂教学交互的动力源泉，教师的良好教风和学生的良好学风具有群体示范性，能够像一块巨大的磁铁吸引着学生良性发展。

群体动力学认为，群体具有凝聚力特征，会对其成员产生吸引力。人类有合群的倾向，当一个人的行动与其他多数人的行动相异时，他会感受到一种来自于群体的无形的压力，迫使自己采取与多数人相同的行动，这种群体的吸引力称为群体动力。课堂观察发现，如果一个班级有一批学生乐于参与课堂活动和师生互动，则易形成充满活力的班级学习风气，这会对某些原本比较安静的学生起到群体示范作用，促使他们改变原有的学习风格。

七、调适并恢复技术信息化课堂生态功能

任何系统都是结构和功能的统一体，稳定的结构有助于系统功能的发挥，系统功能的正常发挥也有助于系统结构的稳定。但是与结构相比，系统的功能具有更大的可变性，受环境的影响更大。系统的功能是由结构和环境共同决定的，当系统内部或外部环境发生变化，系统结构就会受到扰动，系统功能也会发生弱化甚至异变。信息技术进入外语课堂并发展成为主导环境因子，给系统结构造成了巨大扰动，系统内部各要素都在一定程度上发生着变化，课堂生态系统优化结构的功能、调谐关系的功能、促进演化的功能和生态育人的功能都遭到了削弱。要重构信息化语境下的大学英语课堂生态，就必须调整系统结构，优化系统环境，逐渐恢复已经弱化的系统功能。

利用失衡系统的自组织能力，可以逐渐实现外语课堂生态的再平衡，恢复信息化外语课堂的生态功能。系统科学认为，系统在无外界环境和其他外界系统的干预或控制下也具有通过自身的力量自发地增加系统活动组织性和结构有序度的能力，不过，完成自组织过程须满足一个前提条件：系统必须是一个远离平衡的开放系统。为了保持系统远离平衡态，必须由外部环境持续向系统输入能量或低熵物质，使系统及其元素处于一个动态过程，经过一系列循环的变化，逐渐走向平衡。大学英语课堂在现代信息技术的冲击下，亦然成为一个远离平衡的系统，如果学校对外语教学信息化的软硬件投入能够持续，信息技术这个主导环境因子最终会拉动系统其他组分在相空间里朝着分岔点移动，形成系统合力，进入相对平衡的状态。比如，如果一个教师的信息素养不够，不愿采取适应信息化教学的方法和手段，但若每次当他走进教室，看到的都是多媒体教室，面对的都是渴望信息化教学的学生，当他走出教室时，发现自己的教学效果不好，而且其他同事都在采用信息化教学，那么，这些反馈信息迟早会对他产生影响，改善该教师信息素养不高与信息化生态课堂的要求之间的矛盾，促使他改变教学方式和手段，帮助他改善与

学生的关系。自组织和自我调节过程是系统演化的重要机制，但是，这个自组织过程并不是一个渐进的、平稳的过程，而是一个内在酝酿的、突然的、飞跃的过程，时间成本高，一般要经历很长的时期。要解决教学生态中的失衡问题，还需要辅以主动的控制和调节。

建立课堂生态恢复机制是实现外语课堂生态再平衡和恢复外语课堂生态功能的重要手段。课堂生态恢复机制以维持或重构理想状态的系统结构和功能为目标，以课堂生态主体为调控者，根据系统中某个或某些影响因子的特点和作用方式，主动调控这些影响因子。调控过程一般遵循"认知——调控——获取反馈——再调控"的范式，先了解影响因子的特点和作用方式，然后针对影响因子采取相关举措，观察和获取系统对调控的反馈信息，针对性地采取进一步的调控措施。调控措施一般包括预防措施和补救措施，预防措施是在系统失衡之前通过预测而主动采取的规避措施，补救措施是在系统失衡之后采取的修正措施。调控是否能达到预期目标，取决于调控主体的能力，包括对影响因子的认知和分析能力、制定适宜的调控方案的能力、选择恰当的调控时机的能力、观察和获取反馈信息的能力等，这些调控能力的提升需要依靠不断的学习才能获得。

实现现代信息技术与外语课堂教学的有机整合，是恢复信息化课堂生态功能的根本举措。在整合信息技术与外语教学的过程中，应以构建师生共建式生态课堂为目标，以实现系统输入与输出的平衡、生态因子之间的和谐、教学目标与教学成效的一致、师生共同成长为追求，创设生态化课堂环境，培育平等对话的良好师生关系，采用混合式教学模式，合理调整师生角色定位，建立多维课堂教学交互，构建多元教学评价体系。当现代信息技术与外语课堂生态达到高度契合和水乳交融时，课堂生态就有了新的不同质的结构，这种优化后的结构在与环境交互的过程中能够更好地发挥优化结构的功能、调谐关系的功能、促进演化的功能和生态育人的功能。信息技术与课堂教学的有机整合，有利于解决系统内部失调问题，包括教师教学理念和教学角色与英语教学实践的失调，学生学习习惯和信息素养与英语学习目标的失调，多媒体、立体式教材使用方法与英语教学效果的失调，新的英语教学模式与传统英语教学系统的失调，传统评估方式与英语教学目标的失调等。

八、保持课堂生态推陈出新注入"活水"

"问渠哪得清如许，为有源头活水来。"活水是动力之源，能帮助系统保持持久的动态平衡。生态学上将生态因子的不断优化或物质能量的不断输入而使生态系统保持动态平衡的现象称为活水效应。信息化语境下的外语课堂要达到并维持动态平衡，就必须依靠源源不断的"活水"。这里的"活水"既可以是系统内部各生态因子的优化，也可以是来自系统外部的物质和能量输入。

保持课堂生态的活水效应，首先需要不断优化课堂生态因子，包括教师、学生和课堂环境。在外语教学信息化的语境下，教师要积极主动地学习新的教学理论，提高自身的信息素养，调整新的课堂角色，尝试新的教学方法，使用新的教学手段，采用新的评估方式。学生方面也要与时俱进，了解现代教育理念，提高自身的信息素养，调整学习风格，发展自主学习能力。关键的是，师生都要树立终身学习的理念，只有这样，才能从根本上解决不断自我优化的动力问题。课堂环境的优化包括师生关系的改进、课堂气氛的好转、学风班风的改进、信息技术的应用、学生的座位编排、多媒体教室的建设等。优化的课堂生态结构能够为课堂注入新的演化动能，促使系统保持动态平衡。

保持课堂生态的活水效应，其次需要外部物质和能量的不断输入。课堂生态系统是一个开放系统，不断与外界环境进行着交互，主要是物质和能量的交换。人们常说，"要想给学生一碗水，教师需要有一桶水"，这句话说明了教师需要终身学习，通过与外部世界的交互了解新的教学理念，学习新的知识，适应新的教学环境，发展新的教学能力。学生也应通过与内外环境的交互实现物质和能量的流通以及信息的转换，具体地说，就是接受新的知识，培育新的动力，转变学习观念，提高信息素养，改进学习方法，养成良好习惯，掌握学习策略，增强自学能力。外部物质和能量的输入还包括教育部门对课堂教学的支持，如添置一套系统设备、拨付一笔经费等，都能为系统注入新鲜"活水"，维持系统的平衡运行。

保持课堂生态的活水效应，还需努力创造条件，使课堂生态中物质、能量和信息通畅地流通和交换。生态链法则揭示，物质、能量和信息在生态系统中的流通会产生富集和降衰现象，富集是指聚集放大效应，降衰是指逐级递减现象。就课堂生态中的信息流通（知识传递）来说，教师从课本上吸收知识，然后传递给学生，这个过程一般会出现降衰现象。通俗地说，课本上十成的知识，到了老师那儿，可能变成了九成，再到学生那儿，就可能变成了八成。如果信息流通受到某些因素的阻碍，则降衰现象会更加严重。有学者认为，教育生态系统如果呈现封闭和半封闭状态，能量流、物质流渠道就比较单一，呈单向流动，信息流会堵塞，这样教育生态系统就会缺乏活力，缺少生机，处于贫营养状态，发展缓慢。因此，要给课堂生态注入活力，就需要扩大学生和老师的信息源，并在信息流通过程中充分发挥现代信息技术能够提供真实语境的优势，减少信息流通中的降衰，促使信息在学习者身上出现富集现象。就学生来说，教材、教学课件、教学录像、网络课程、教师、同学等都应成为他们的信息源，学生通过大量的读和听的方式，从这些信息源摄入充足的信息，内化为自己的知识。

第六章　大数据时代大学英语课堂生态调适的保障机制

重构大数据语境下的大学英语课堂生态，可以遵循生态性、系统性、人本性和有效性原则，通过发挥主导因子的引领作用，控制限制因子的影响、构建生态化课堂环境等思路，恢复课堂生态的结构和功能。在课堂教学实践中，可以通过创新大学英语教学观念、创建多维互动教学环境、提高师生信息技术素养、采用因境而异的教学方法、发展平等和谐的师生关系、构建多元多向评价体系等措施，构建生态课堂。这里需要指出的是，课堂生态的平衡还与课程建设紧密相关，因此本节还将探讨如何建立分级分类培养体系和如何设置分层分类课程体系。

第一节　创新大学英语课堂教学的思想理念

计算机网络等现代信息技术大大推进了大学英语教学改革，使很多先进的教育理念得以实施。但是，由于各高校推进改革的力度不同、教育技术的使用程度不同、师资的专业背景不同、学生的教学期待不同等原因，很多高校在大学英语教学信息化改革过程中，依然在不同程度上存在着"五重五轻"现象，导致了现代信息技术与落后教学观念之间的失衡。要改变这种失衡状况，需要尽快转变大学英语教学观念。信息化语境下大学英语教学存在的"五重五轻"现象列举如下：

首先，重"教"轻"学"。我国很多学科长期以来都在一定程度上存在着重"教"轻"学"现象，即强调教师"教"的作用，忽视学生"学"的重要性。随着最近 20 年来二语习得研究的进一步发展，很多英语教师都认识到学生在学习中的主体作用和教师的主导作用。但是，在实际的教学中，由于多种原因，一些教师的行动和理念依然分离，仍然有相当多的英语课堂教学没有摆脱传统的"以教师为中心"的知识灌输型教学，课堂上几乎都是教师在讲解，学生都在静静地听课和做笔记。老师对自己"怎么教"关注较多，而对学生"怎么学"思考得不够，没有给学生足够的空间发挥他们的学习自主性和主观能动性。

这种"授人以鱼"的"填鸭式"教学，忽视了学生的自主学习潜能和自主探究的内在渴望。

其次，重"知识"，轻"能力"。时至今日，还有不少英语教师认为，大学英语教学的最终目的仍然像中学那样，就是教给学生一定的英语语言知识，培养他们的英语语言技能。老师在课堂上，常常会不厌其烦地、认真负责地、反反复复地讲解某些词或词语的用法，分析某种语法现象和句型，细致讲解文章的内容，并以此作为外语教学的全部。实际上，这种仅以传授英语语言知识为宗旨的课堂教学，忽视了学生语言综合应用能力以及自主学习能力的发展，影响了学生的可持续发展。

再次，重"控制"，轻"开放"。有人曾将中国的教育和西方的教育做了对比，并得出结论，影响中国学生创新能力发展的重要原因之一，就在于中国教育自始至终强调纪律性，也就是强调教师对学生的控制和严格管理，结果培养出了一个个认真听话但缺乏批判思维和创新思维的"人才"。这种说法也不无道理。正是因为长久以来的严格控制，剥夺了很多学生积极参与开放式学习的机会，减弱了学生的学习内驱力，影响了学生个性化发展和开放式思维习惯的建树。

又次，重"统一"，轻"个性"。统一内容、同一步调的"满堂灌式"教学只能关注学生的共性问题，难以达到"分类指导、因材施教"的个性化教学要求。当然，在有限的课堂时间里讲解一些共性的知识，固然会更具效率，然而当今以信息科学为支持的大学英语课堂，最终要求教师凭借网络和多媒体的东风，促进学生个性化、多元化、差异化发展。忽视学生个性化发展的教学难以培养出创新型拔尖人才。

最后，重"接受"，轻"探究"。在英语学习过程中，传统的学习文化在很多同学身上根深蒂固，他们认为学习就是学习者对确定性的外部知识的寻求和把握，因此，很多学生习惯于被动地服从"权威"，消极地接受和理解教师用定论的方式传授给他们的人类先前积累的知识、经验和方法。在整个学习过程中，他们缺乏主动的参与意识和探究精神，没有意识到探究的能力比知识的获取更加重要。

上述大学英语教学中存在的"五重五轻"现象，在当前的信息化教学改革中，已演变成为严重影响大学英语课堂生态平衡的不和谐因子，阻碍了信息化语境下大学英语课堂生态的重构。要从根本上改变这一局面，就必须以转变教学观念为先导，带动教学方式和学习方式的彻底革命。

一、变"以教师为中心"为"以学生为中心"

杜威、皮亚杰等人提出来的建构主义心理学认为，知识是个体在与环境交互作用的过程中逐渐建构的结果，因此知识不能由教师传授，而只能由学习者进行建构。就英语学习来说，英语不是教会的，而是学生学会的。罗杰斯的"以学生为中心"的教学理论认为，学生是学习活动的主体，他们具有内在的潜能，也能自动发展自己的潜能，因此学什么、怎么学、以什么进度学等问题都应由学习者自己讨论决定，教师只能起帮助者和参与者的作用。

二、变"知识传授"为"能力培养"

学习是一种过程,而不是结果,"学会如何学习"的意义比"学会什么"更为重要,因此,"授之以渔"比"授之以鱼"重要得多。能力培养应以学生自主学习能力、探索创新能力的提高为重要目标,培养学生的元认知策略和学习策略,教会他们学会学习,真正体现"教是为了不教"的教学理念。教师不能停留在讲授多少个语言点或多少个语法结构上,而是要帮助学生在学会学习的过程中获得知识,发展能力,尤其是可持续学习能力和创新能力。

三、变"控制性学习"为"开放性学习"

开放课堂学习模式实质上就是要求学习者自己调节学习过程,让学习者为自己的学习行为负责的学习。开放性学习实质上是课堂权利向学生的开放,由此带动学习思想观念的开放,学习时间、空间的开放,学习方式的开放,学习体会和感受的开放,学习决策过程的开放和学习环境的开放。开放性学习方式既有助于发展学生个性和提高学生学习自主性,还有助于提高学习者的学习兴趣,发挥学习者多方面的潜能,增加学习者与教师、同学、资源等之间的交互。

四、变"统一性学习"为"个性化学习"

未来社会将是个性飞扬的世界,大学英语教学也必须适应个性化发展的实际需要。个性化学习强调学生个性化学习方法的形成和自主学习能力的发展。个性化教学应通过个性化培养体系、个性化课程设置和个性化教学手段等,激活、诱导学生学习的积极性,促进学生形成良好的学习态度和学习心态,提高学生自主学习的能力,让学生潜在的个性特长得到充分地发展。尤其是开放课堂学习模式,为学生独立性的发展提供了便利。在开放学习的网络课堂上,同一时间内,学生们不再需要按照同样的步伐学习相同的内容,而是按照个人的意愿制订自己的学习计划,选择个性化的学习内容,确定个性化的学习进度等。

五、变"接受性学习"为"探究性学习"

接受学习虽然有别于被动学习和机械学习,但它只着眼过去,是掌握现成知识的一种学习方式,缺乏探索和发现精神,不利于创新能力的培养。相反,研究性学习强调的却是探索学习和发现学习。探究是人类的天性,通过探究,个体建构自己对于自然及人工环境的理解，乃至对自身的理解。探究包括模拟驱动的探究性学习（将某事件或人物作为榜样进行效仿）、兴趣驱动的探究性学习和问题驱动的探究性学习。相对于接受性学习，探究性学习具有开放性、自主性、过程性、实践性等特点，有利于学习者创新能力的发展。实现以上观念的转变，必将带动教师教学方法的变革，提高教学成效。但有一点需要说清楚，上述"五变"是指教学观念的改变和教学重心的调整，但这并不是将"以教师为中心"和"以学生为中心""知识传授"和"能力培养""控制性学习"和"开放性学习""统一性学习"和"个性化学习""接受性学习"和"探究性学习"完全对立起来。我们不能完全否定前者，而是应以后者为主，前者为适当补充。

第二节　探索分级分类的差异性培养体系

　　分级分类培养是指按照学生在学习水平、学习需求、学习风格等方面的差异性而分班级、分层次、分类别组织教学的一种人才培养方式，这种培养方式会带动课程、教材、教师、教学方法等课堂生态因子的差异化配置，从而形成一种不同于传统的按原初班级组织教学的新型培养体系。一般来说，分在同一级别的学生具有英语水平、自学能力等方面的相似性，生态位基本相同。教育生态学认为，处于同一生态位的教育生态个体之间由于所处的层次相同，面临的问题相近，在一些关键时刻竞争尤为激烈。这种同一生态位下的竞争有其积极意义，能起到鼓舞斗志、增强学习动机的作用和效果。大学英语分级分类教学较早出现在20世纪90年代，当时迫于师资严重短缺、学生人数急剧上升等因素，同时考虑到分级分类教学对提升教育教学质量的积极作用，一些高校开始积极探讨分级教学。随着现代信息技术的迅猛发展，分级教学面临的一些操作层面的困难都能迎刃而解。以笔者所在学校为例，1998年开始进行分级教学，当时面临如何将几千名学生按照英语水平重新分班、如何按照新的英语分级班排课表和组织教学、如何按照新的分级班登录学生成绩等问题，但随着我校网络分级管理系统的开发和利用，这些问题都得到了很好的解决。

　　现代信息技术为分级分类教学的顺利实施提供了便利。基于信息化的大学英语教学改革也对分级分类教学提出了要求。《课程要求》规定，"大学英语教学应贯彻分类指导、因材施教的原则，以适应个性化教学的实际需要""大学阶段的英语教学要求分为三个层次，即一般要求、较高要求和更高要求"，这三个层次的要求是学生在大学阶段应当选择达到的标准，其中一般要求是本科毕业生应达到的基本要求，较高要求和更高要求是为有条件的学校或学生所推荐的标准。这些规定要求大学英语教学必须充分考虑学生的英语基础和个性需求，选择不同的培养目标，制定不同的培养方案，实行分级分类培养。然而，全国高校因具体情况不同，有些高校至今还没有充分利用现代信息技术的优势开展分级分类教学，致使传统的教学模式和现代信息技术的要求之间存在失调，很多已经开始分级分类教学的学校也还存在进一步完善的空间。

目前，在全国范围内比较流行的分级分类培养方案是在四级课程期间进行分级培养，在四级后续课程中实行分类培养。新生入学后先按英语水平定级，定级的依据可以是学生的高考英语成绩，也可以是本校组织的分级考试成绩。由于全国各省份高考试题不同，英语的总分值也不同，因此在给学生定级前需要根据学生的来源省份对学生的成绩进行百分化处理，然后才基本具备可比性。如果运用传统的手工计算，则需要很大的工作量，但若借助数据库或Excel表格的数据处理功能，或再设计一个"高考分数百分化处理软件"，则能大大减少工作量，同时提高准确性。实际上，很多学校考虑到高考分数的非可比性，一般会自行组织一场新生分级测试。

在设计分级测试试卷的过程中，应根据本校的生源情况和分级教学方案，确定分级测试的试题类型和各种试题的比重，编写考试细目表，然后再认真编写试题、精心组织考试、科学统计分析和合理分级分班。分级的范式主要有三种，一种是分A、B级或快、慢班，按两种不同的要求进行培养；第二种是分为一、二、三级或二、三、四级，按三种不同的要求进行培养；第三种是分为一、二、三、四级，按四种不同的要求进行培养。在这三种范式中，尤以第二种居多，因为这种培养方案基本对应《课程要求》中的一般要求、较高要求和更高要求。

在分级过程中，班级的大小、各级之间的学生比例、各级内部的班级安排等都应仔细考虑。生态学上的最适密度原则认为，种群密度太低或太高都会对种群的增长起限制作用，只有在种群密度处于适度大小时，种群的增长最快。在英语课堂教学中，班级太大就会增加课堂活动组织与管理的难度，从而导致课堂交往减少或混乱，影响教学效果；班级太小也不利于发挥群力效应，不利于学生之间的相互学习。长期观察发现，英语教学班级的大小应该根据课型和学生类型不同而改变，一般认为，口语课班级的最佳人数在15~20人之间，精读课或综合英语课班级的最佳人数在30~35人之间，听力课的班级可以大到50人以上，网络虚拟课堂基本不受人数限制，但从管理效率和师生交往的角度看，最好在人数上与传统课堂班级基本相当，或就以传统课堂班级编班管理。就学生水平高低来说，高起点班级由于英语水平、学习习惯、学习方法等方面的优势，班级人数一般可以比低起点班级人数稍多一些，网络自主学习的时间也可以多安排一些。

在实际分班过程中，还不得不考虑本校教师人数、学校教室数量等对班级大小的制约。以笔者所在学校为例，由于考虑到师资力量不够、教室数量也不太宽裕的原因，我校最近几年口语班人数基本控制在25~30人，综合英语班级人数基本控制在45人左右，听力为学生网络自主学习课程，不限人数。这样做的基本原则是，互动性强的课程人数略少，互动性弱的课程班级可以略大一些。

在分级的时候，还应科学设置各级之间的比例。以笔者所在学校为例，多年来新生入学后都会根据分级测试的成绩分为一、二、三、四级起点班，在 20 世纪 90 年代末，我校根据往届学生参加国家四级考试的成绩分布情况，将一、二、三、四级的学生人数比例分别定为 50%、25%、15% 和 10%，最近几年，随着学生入学水平的提高，我校将学生分为一、二、三级起点班，比例调整为 10%、30% 和 60%，今后还会根据新生入学水平的变化情况进行各级人数的合理调整。

在分级培养过程中，每相邻的两个级别之间可以实行滚动机制。生态学上的边缘效应表明，在两个或多个不同的生物群落交界处，往往结构复杂，出现不同种类的生物共生，且种群密度变化较大，某些物种特别活跃，生产力也相对较高。

边缘效应给外语分级教学的启示是，如果在两个相邻级别之间建立上下滚动制，主要是以向上流动为主，则有利于一些学生的更快成长。比如，学校可以规定，在每学期之初，根据学生上个学期的期末成绩，选择一级起点班中成绩最优秀的小部分学生（比如 5%），进入二级起点班学习，选择二级起点班中成绩最优秀的小部分学生（比如 6%）进入三级起点班学习，这样有利于学生之间形成适度的竞争，增强学生的学习动机，促使学生积极主动学习。同时，可以让一些补考不及格的同学重修原级别的课程。分级教学中，起点不同，则终点不同。一般来说，入学时被分在一级起点班的同学，两年的大学英语学习目标就是达到《课程要求》的基本要求，课程教学的目的主要是提高学生的英语语言技能。二级起点班的同学会用一年半的时间完成大学英语四级的学习，最后一个学期可以根据自己的兴趣倾向和学习需求选修课程，最终争取达到《课程要求》中的较高要求。三级起点班的同学则用两个学期完成基本的英语四级学习，后两个学期以选修课程为主，最后争取达到《课程要求》中的更高要求。四级起点班则有三个学期的时间自主选修个性化课程。在学分管理上，分级教学包括必修、选修、免修、重修等修课方式，对于四级课程采取必修的方式，对四级后续课程采取选修的方式，对高起点的学生来说，低起点的未修课程可以采取赠送学分的方式予以鼓励，对未能通过补考的学生采用重修的办法。选课可通过设计网络选课系统完成。

目前，分级教学主要是根据学生入学水平进行分级。对同一级别里的学生，还可以让他们根据自己的学习风格以及对不同教学风格的适应性，选择同级别内的不同班级学习，或根据喜欢的老师选择班级学习，选班的周期可以控制为每学期一次，也可以定为几周一次，甚至每周一次。从管理的便利性以及师生关系的良性发展来看，建议以每学期选课一次为佳。如果师生的适应性好，学生可以在第二学期甚至第三学期继续选择相同老师的课程，如果师生的适应性不佳，则可以在第二次选择中规避，这样有利于师生关系的良性发展和学生的健康成长。四级后续课程主要采取分类培养的方式，学校提供多样的课程选择，学生根据自己的发展需要和兴趣倾向选择不同的课程班级。为了避免学生在学分修满的情况下放弃选课，也可以采取必选的方式，比如，可以要求学生必须在所提供的 6 门课里选择两门课程修读。

不难看出，在分级分类教学中，不同级别、不同类别的班级教学目标不同，培养方案也不一样。具体地说，就是选择的教材、学习的进度、教学的手段、教学的方法、评估的内容都应该有所不同。这种差异化培养体现了个性化教学的理念，较好地满足了学生个性化发展的不同需求。

最后需要指出的是，任何事物都有两面性，分级分类教学也不例外，既有其优点，也有其缺点，但就大学英语教学来说，优点毫无疑问远远多于缺点。反对分级分类教学的主要观点是，分级分类教学会在一定程度上挫伤低起点学生的自尊心和自信心，也影响低起点班级学生的课堂参与度，而且似乎有违"有教无类"的教学原则。但是由于大学英语的覆盖面广，修读的学生人数多，学生的差异性大，实行分级分类培养具有可操作性，更有利于提高教学效率。将学生进行分级分类教学，并不违反"有教无类"的原则，因为将学生分级分类，并不是为了放弃后进生，而是为了提高教学效果，更好地培养他们。至于对低起点学生自尊心的影响，恰恰需要我们老师对学生进行正确的引导和解释，消除分级分类教学可能带来的负面效应。

第三节　科学设计不同层级及类别的课程群

分级分类培养体系需要分层分类课程体系的支撑。大学英语课程设置需要充分考虑教学对象的层级性、教学目标的多元性和教学需求的多样性，设计不同层级、不同类别的课程群，以满足学生差异化、个性化发展的需求。《课程要求》规定，各高等学校应根据实际情况设计出各自的大学英语课程体系，"将综合英语类、语言技能类、语言应用类、语言文化类和专业英语类等必修课程和选修课程有机结合，确保不同层次的学生在英语应用能力方面得到充分地训练和提高"；大学英语课程的设计应"大量使用先进的信息技术，开发和建设各种基于计算机和网络的课程"。因此，大学英语课程应该校本化、差异化、层次化和信息化。

校本化是指从学校的实际出发，充分考虑本校学生的具体情况，依托学校自身的资源优势和特色，进行相关的教育教学活动。大学英语课程设置必须考虑各个学校的具体情况，开设适合学生持续发展的课程。最近几年，关于大学英语教学究竟应该以教授基础英语为主，还是以学术英语（EAP）为主，还是以专门用途英语（ESP）为主，形成了不同的流派；关于基础英语中究竟应该以听说为主，还是以读写为主，争论也很激烈。有学者认为，随着大学新生英语水平的迅速提高和我国国际交往的日益频繁，大学英语的定位应当是专门用途英语教学，包括通用学术英语、专门学术英语和行业英语。大学英语课程应兼具工具性、专业性和人文性，其中以工具性最为重要，大学英语应该在建设好普通英语课程的同时加大后续课程的开设力度，开发、建设专门用途英语课程和通识教育类英语课程。杨治中认为，我国高校门类众多，培养目标不一，各校应该制定适合自己校情的教学大纲，重点培养学生的语言综合运用能力，尤其是阅读能力，虽然听说能力的培养也重要，但就中国实际国情和对外交往程度来看，培养阅读能力更具实效性。

本研究认为，由于全国高校众多，生源情况各不相同，中学英语水平也有地区性差异，所以学生的基础英语水平并不都如少数重点大学的学生那么高，大部分都还需要在大学英语阶段进行基础英语教学。另外，即使同一所大学，由于学生人数众多，学生的英语水平也必定参差不齐，因为即使生源较差的高校，即使录取的学生总分偏低，但这也不能说明学生的英语成绩就低。观察发现，即使三本或专科院校中，也不乏英语很好的学生。所以课程设置既要考虑本校的总体情况，还应考虑本校学生的差异性。也就是说，课程设置既要校本化，还有差异化和层次化。按照《课程要求》的规定，大学英语课程设置还需达到一定程度的网络化。这里的网络化有两层含义，一是大学英语课程群中包含网络教学的课程要达到一定的比例，第二是含有网络教学的课程中，网络教学与课堂面授要达到一定的比例，具体比例依据课程类型而变化。

第四节　着力构建多维化互动化的教学环境

生态课堂教学观认为，外语学习的过程其实就是学习者与教师和教学环境不断交往互动的过程。交互为课堂生态提供了信息流转的动力，为师生关系提供了润滑与保健，为学生的外语习得提供了体验与实践。课堂交互应该是多维的，包括教师个体与学生个体、教师个体与学生群体、学生个体与学生个体、学生个体与学生群体、学生与环境、教师与环境等之间的交往互动。这种交往关系越复杂，课堂生态系统就越稳定，课堂教学效果就越好。正因如此，构建多维互动教学环境就显得异常重要。

就课堂教学而言，教学环境既包括课堂外部环境，也包括课堂内部环境。课堂生态是一个开放系统，不断与课堂外部环境进行物质和能量交换。如何构建课堂外部环境以促进课堂内部的交往互动？这就需要外部提供支持课堂交互的社会环境和物质条件。例如，如果外语教育界近阶段都比较重视语法翻译法教学，那就不利于课堂内部的交互，相反，如果近期外语教育界普遍推崇交际法进行课堂教学，则有利于组织充满互动的课堂教学活动。又如，如果上级主管部门不同意给教室配备可移动的桌椅，则可能影响课堂内交互活动的组织；如果上级理解并支持将传统教室改造为可变换桌椅组合的教室，则有利于课堂内的交互。可见，课堂外部环境的具体情况对课堂交互具有一定的影响。在我们的日常工作中，就应该积极争取条件创建有利于课堂多维交互的外部环境。

构建多维互动教学环境，应主要着眼于课堂内部环境的打造。课堂内部环境可分为课前生成的环境（教室的物理环境、师生背景、教学媒介等）、课中生成的环境（师生关系、生生关系、师生情感态度等）和课后生成的环境（班风学风、课堂规章制度等）。要打造有利于多维互动的课堂环境，首先要关注教室的物理环境和师生背景。现代外语课堂需要多媒体的支持，因此课堂需要配备网络和多媒体教学设施，使教师能够在课堂教学中适当使用多媒体课件，并通过访问互联网的方式，及时查看和处理学生网络自主学习的情况。在课堂教学过程中，教师应积极打造建构型或师生共建型课堂生态，使学生在舒适的课堂氛围中利用课堂交互活动自我建构知识。教师应习惯性关注教室的座位编排方式、学生落座的位置、教学的方式方法和情感态度、学生之间的竞争与协作等情况，对发现的问题予以及时解决。比如，如果发现学生都集中坐在教室的后部，就应动员学生坐到前排，改变他们对待学习的消极态度；如果发现座位编排不利于当天的课堂活动，就应该根据需要及时调整座位布局；如果发现教学方式沉闷，就应及时调整教学安排，增加课堂互动环节。课后生成的环境主要指班风学风以及课堂教学规章制度等，好的班风学风和课堂规定都会促进课堂生态因子之间的交往互动。在日常教学中，教师和学生应该共同努力，缩短师生之间的心理距离，建立良好的师生关系，开展平等和谐的课堂交往，共同营造一个有利于课堂交互和知识建构的班风学风，并制定一些有助于规范教与学行为的规章制度，打造有利于课堂内多维互动的教学环境。

第五节　　提升英语教学师生的信息技术素养

　　师生信息技术素养是决定基于信息化的大学英语教学改革能否取得成功的关键因素之一。如果作为课堂生态主体的老师和学生信息技术素养不高，就很难和作为环境因子的现代信息技术形成良性交互，课堂生态的生产力就比较低下，信息化教学效果就会差强人意。相反，如果师生信息技术素养高，则能充分利用现代信息技术的各种优势，提高教与学的效率。

　　当前，全国高校都在一定程度上存在师生信息技术素养不高的问题，主要体现在信息技术的应用能力不强以及面对信息技术的修养不够高。虽然大多数老师都能运用多媒体课件辅助教学，但是不少老师缺乏在互联网上检索、获取和分析自己所需信息的能力，缺乏自己制作或改造多媒体课件、自己利用计算机软件处理音频和视频文件的能力。正因如此，有些老师就会害怕技术，甚至产生技术恐惧症，在教学上表现为不使用技术或低值使用技术的问题。学生也有技术能力不足的问题，比如，有些学生缺乏在学习界面自己摸索的能力，有些学生缺乏完成基于网络的研究性学习任务的能力等。在信息修养方面，教师主要体现在完完整整不加修改地使用互联网上下载的教学课件，没有考虑到各个教师在教学风格甚至教学内容上的差异以及版权问题；学生方面主要体现为利用多媒体网络技术在完成学习任务上的作假作弊行为。比如在《新时代交互英语视听说教程》

网络版的学习过程中，有些学生会使用一种叫网络加速器的软件，在学习时间上弄虚作假，还有不少学生使用网络上搜索到的练习答案完成学习任务；在《新视野大学英语读写教程》的网络学习过程中，有些学生会利用登录系统后凭空"挂出"的上网时间代替自己真正的网络学习，这些都是信息道德和修养方面的问题，严重影响了网络教学的有效性。

提高师生信息技术素养，可以通过思想引导和业务培训这两个途径解决师生信息意识不强、信息道德不高、信息技术知识不足、信息能力不够四个方面的问题。对教师，主要是要解决好意识问题和技术问题。大学英语教学管理者和负责人可以利用会议讲话、个人谈话、优秀教师信息化教学展示、定期集体备课或座谈等方式，帮助广大教师明了教育信息化的大趋势、现代信息技术应用于外语教学的巨大优势和使用信息技术组织教学的便利性；还可以通过科学合理地制定信息化教学的激励政策，认可并奖励教师用于网络教学、网络管理和网络交互的工作量；还可以定期组织课件制作大赛等，以此增强广大教师使用信息技术的主动性、积极性和自信心。要有针对性地举办一些信息技术培训班和网络教学平台使用培训班，增强老师的信息技术知识，提升他们的信息技术应用能力，帮助他们熟悉教学中需要掌握的各种教学软件的功能和操作流程，鼓励他们制作适合自己教学风格的课件，或对已有现成课件进行个性化改造。对学生，主要是要解决好意识问题和修养问题，主要办法就是依靠专门的培训（比如新生入学教育培训活动）和任课教师的引导，让学生了解为什么要进行信息化学习、怎样进行信息化学习以及学习哪些信息化资源等问题。教师可以制定相应的评价机制、监督机制和奖励机制来进一步引导和规范学生的信息化学习行为。

提高师生信息素养，必须坚持在教学实践中长期使用现代信息技术。只有当师生在使用信息技术教与学的过程中真真切切地感受到便利和成效，才会自觉增强信息意识，信息能力才会自然提升。一旦师生的信息技术素养得到了提高，信息化教与学的方式就会更加适切，师生网络互动就会更加频繁，信息化教学的成效就会显著提升。下面具体谈谈教师在多媒体课件使用和网络教学指导方面需要注意的问题。

多媒体课件具有很好的教学辅助作用，已经在大学英语教学中广泛使用。多媒体课件能够通过图表、文字、声音、图像等形式生动形象地将教学内容展示在学生面前，有利于学生理解和吸收，在一定程度上起到了呈现教学内容的教材作用和示范讲解的教师作用。从生态学的角度看，多媒体课件在一定幅度上挤占了教材和教师的传统生态位，形成了一定的生态位重叠，这就需要教师及时调整自己的生态位，以充分发挥多媒体课件的作用。目前，在多媒体课件使用方面，存在着一些问题倾向，一是"拿来主义"，二是使用不合理，三是心理上的过度依赖，这些问题需要老师正确认识和努力克服。所谓"拿来主义"，就是机械地使用现成的、非自己制作的课件，包括出版社邀请专人制作后免费提供的课件，也在风格上与具体教师并不完全匹配，需要教师本人自己加工修改，根据自己的需要在内容上做出甄别和取舍，在流程上根据自己的教学习惯和风格予以调整，将公共教学课件进行个性化处理，才能更好地发挥多媒体课件的辅教作用。关于课件使用不合理的问题，主要体现在使用时间的不合理和展示速度的不合理。

多媒体课件并不能完全代替教师的教学行为，只能在课堂师生互动的过程中起着辅助教学的作用，这就需要教师从教学需要出发选择合适的展示时间，否则，再好的课件也可能沦为对教师教学和学生习得的干扰。课件的播放的确能节约教师过去用来板书的课堂时间，但不能用来节约学生思考和消化的时间，因此，在课件播放过程中，不能一扫而过，而是要根据具体情况决定播放速度，以便给学生阅读、理解和思考的时间。关于心理依赖问题，是指部分教师因为习惯使用多媒体课件而忽略了备课进大脑的问题，以至于在没有课件的情况下，有些教师就不知道如何开展教学活动，这种对多媒体课件的过度依赖性既不利于教师的自我发展，也不利于课堂教学活动的有效组织，最终影响学生的外语习得。

在网络教学方面，目前还存在一些问题，如教学资源混杂、学生学习自主性不够、师生网上交互不足、师生情感疏离等，需引起外语教师的关注。针对以上问题，教师首先要用好网络教学平台的教师管理功能。不同出版社提供的网络教学系统在功能上和操作上各不相同，互有优劣，教师必须通过参加相关软件培训，消除对网络教学的陌生感和恐惧感，熟悉网络管理平台的各种功能，定期上网进行教学管理。教师应该利用网络教学系统的交互功能，通过给学生布置网络课业、回答学生网络提问、查看学生网上学习记录、批改学生网络作业等教学活动，及时了解学生网络学习情况，同时增加与学生的网络互动，让学生意识到，他们不是在独自战斗，教师始终在他们左右。教师还应该在课堂教学时抽出一定的时间检查学生网络自主学习的情况，并在课堂教学中错位教学，避免不必要的重复教学。其次，教师还应借助学生的身份，充分熟悉系统的学习界面和系统内的网络资源，更好地了解学生在怎么学以及在学什么，以便对他们进行更好的网络学习指导。了解了系统内的学习资源，就可以针对性地、适当适量地上传一些教学资源供学生学习。再次，教师还应制定适合本班学生情况的网络学习相关规定，并在对学生进行形成性和终结性评估之时严格执行，因为有些学生缺乏自控能力，网络学习自主性还不够。只要教师定期上网认真管理，并与学生进行交互，师生关系和情感就不会疏离，学生自主学习的意识和能力就会逐渐加强，教学效果就会更好。

第六节　努力为学习者提供立体化教学资源

现代信息技术的发展为提供立体化教学资源准备了条件。传统课堂中的教学资源非常有限，学生所学知识主要来源于教师和教材，受时空的局限性很强。现代信息技术大大增加了知识存储、转换、传播的方法和途径。仅就知识的存储途径来说，现代课堂教学中学生需要学习的知识可以存储在纸质教材、DVD光盘、多媒体课件和网络教学系统中，当然还可以存储在教师和学生的大脑里，第二课堂还有英语广播和电视录像。在信息化语境下，教师应该顺应时代发展的要求，与时俱进，努力为学习者提供立体化教学资源。

就课堂教学来说，立体化教学资源主要是指教材、光盘、多媒体课件和网络学习资源的组合。当前，这个组合还存在内容几乎重叠、使用相对孤立的问题，没有真正形成一个相互辉映、相互关照的有机整体，因此只能称之为学习资源集合，不能称之为学习资源系统。系统科学认为，只有在各个组分构成整体并有新质涌现的情况下，才成其为系统。本研究认为，教师应科学整合这四种教学资源，使之成为一个相互作用、相互影响、相互辉映、相互补充的"四位一体"教学资源系统，使这四种教学资源在课堂教学中形成合力，共同推动大学英语课堂教学质量的提升。

要打造"四位一体"教学资源体系，就应该充分考虑到不同教学媒介的优缺点，本着分工协作的精神，在一定的内容共核上寻求适合学生认知风格的差异化内容配置。纸质化教材具有携带方便、使用简单、无须配备计算机等其他设备或准备网络环境等其他附属条件等优点，而且还能迎合人们传统的学习习惯，因此具有难以替代的自身优势。正是因为这些优势，可以预见，纸质教材将在相当长的一段时间内，继续担当着立体化教学资源的主轴，其他教学资源须以纸质教材为基础进行延伸拓展。因为纸质教材的核心地位，教师在编写时一定要将现代教育理念、信息化教学环境、以学生为中心的教学方法等因素充分考虑进去，使教材成为先进教学理念和教学方法的集合体。在分析以往教材的基础上提出了研发第五代教材的构想，认为教材的编写应考虑理念、结构和方法三个方面，在理念和方法上应采取兼容并举的态度，既要考虑最新的研究成果，也要考虑传统理念和方法的存在价值，在结构上需要打造由纸质平面课本、多媒体光盘和计算机网络学习平台共同组成的第五代教材体系，其观点具有很好的启发意义。

当体现先进教学理念的纸质教材编写完成后，可以为之配备教学光盘。光盘比较小巧，携带也很方便，最重要的是，它能够通过现代信息技术将学习资源生动形象地动态化、立体化展示出来，这些优势应该在内容选择和呈现方式选择上予以充分考虑，使之在一定程度上代替老师的传统课堂讲授。因此，光盘里的内容应该包括教材上的内容，同时弥补教材缺少声音、图像和详细讲解的缺点，成为纸质教材的有效延伸。多媒体教学课件也应以教材内容为蓝本，同时考虑课堂教学的需要以及课堂教学时间的有限性，适当增加一些相关知识，重点围绕教学重点和难点展开，使之成为辅助教师有效开展课堂教学的重要工具。在设计网络教学平台和提供网络教学资源时，一定要克服教材内容简单"搬家"的错误倾向，而是要利用网络教学平台的优势，提供更加丰富的拓展性教学资源，并利用网络的互动功能和在线记录学习情况的功能，实现教师和学生、学生和学生、学生和学习资源的网络交互，同时加强对学生网络学习的过程性评价。在具体的课堂教学过程中，教师需要通过精心设计的课堂活动，将纸质教材、光盘、课件、网络学习有机连接，打破不同教学媒介在使用上的孤岛现象。

总之，在提供立体化教学资源时，一定要避免当前存在的多种媒介上教学内容简单重叠以及使用起来相互孤立的问题，而是要充分利用不同媒介的各自优势，以不同的方式为学生提供基于共核内容的拓展资源。

第七节　因境而变调整并生成现场教学方法

不同的教学方法会导致完全不同的教学效果，因此，只有根据课堂教学的具体情境选取不同的教学方法，才能整体提高课堂教学的有效性。这里所说的课堂具体情境是指课堂生态中各种环境因子在某一特定时刻通过交互作用形成的时空条件及人文环境，是一个不断变化的状态。课程的总目标、某一节课的具体目标、班级学生的总体情况、不同学生的差异、教室的教学条件、教室环境的课堂变化、学生的课堂反应、教室的学习氛围等因素，都是一个有经验的教师预设课堂教学方法和及时调整并生成现场教学方法的重要依据。

教学方法包括理论、方法和技巧三个层次，"理论"是一套关于语言教与学本质的假设，"方法"是一套在"理论"指导下向学生传授语言材料的整体计划，"技巧"是在课堂上实现"方法"的具体操作策略。"理论"决定"方法"，但同一个"理论"也可以衍生出不同的"方法"；"方法"决定"技巧"，但实现同一"方法"也可以有不同的"技巧"。

本研究提出的采用因境而变的教学方法，首先体现在具体教学过程中微技巧的选择，其次体现在不同教学理念驱动下的教学法选择。课堂微技巧体现在教学的每一环、每一刻，一个有经验的好教师，其一个眼神、一个手势、一句表扬、一次提问、一个板书，无不体现了一定的教学理念。活到老，学到老，教师课堂微技巧的提高需要年复一年地积累经验。教学法的选择和运用取决于具体教师的专业知识和能力，一个了解教学法的老师一般具有更强的灵活运用教学法的能力。下面从"理论"探讨出发，然后介绍几个教学法。"理论"主要回答两个方面的问题：语言在本质上是什么？语言是如何习得的？

对第一个问题的回答主要有三个流派：①结构主义。该流派将语言看作由结构上相互联系的单位组成的、用来表达一定意义的结构系统，学习语言就是要掌握该系统中各种成分，即音位、语法和词汇。②功能主义。该流派将语言看作表达功能意义的载体，强调语言的语义和交际特点而不是语言的语法特征。③交互理论。该理论将语言看作实现人际关系和进行个人之间社会交往的工具，语言教学内容的组织可以通过交流和互动的模式进行。

对第二个问题的回答也有三种流派：①行为主义心理学。该流派强调刺激对语言习惯形成的重要作用，认为重复和操作是习得语言的必由之路。②心灵主义心理学。该流派强调先天因素对语言习得的影响，认为语言规则和能力的习得有一套既定的程序，教学的目的主要是提供合适的环境和条件，让这种潜在的能力得到充分地发展。③人文主义心理学。该流派强调人际关系和个人情感因素对语言能力习得的影响，认为语言学习中最重要的是学习环境和气氛，学习者只有在放松和协调的状态下才能最有效地学习和掌握语言。

在上述"理论"的指导下，历史上产生过很多教学法，到 20 世纪 70 年代至 80 年代达到鼎盛时期，传统的教学法与层出不穷的新教学法并存，包括语法翻译法、情景教学法、听说法、口语法、阅读法、写长法、词汇法、暗示法、沉默法、自然法、交际法、全身反应法、社团学习法等。

20 世纪 90 年代以后，英语教育界逐渐意识到，世界上不存在所谓最好的外语教学法，因此对教学法的研究兴趣开始转移，传统意义上的系统的教学法很少出现，英语教育进入"后方法时代"。"后方法时代"的外语教学受人本主义教学观和建构主义教学观的影响很大，认为外语教学的目的不仅是要提高学生外语水平，还重视培养学生的素质与品格，注重发展学生的思维能力与创新精神，独立自主学习能力与合作学习能力，使他们成为全面的、完整的人；课堂是多种因素互动的场所，外语教学是一个能动的、发展的过程，影响这个过程最重要的因素是教师和学生；教师的任务是为学生创造真实的环境，提供条件与机会，让学生能根据自己的思维模式、运用他们理解的规则，通过自身的体验和反思主动构建知识。生态外语课堂教学观是"后方法时代"的代表性观点之一，认为外语学习是学习者的知识和经验与外界环境不断交互的过程。

今天，现代信息技术带来了学习环境天翻地覆的变化，外语教师应该根据教学对象、教学内容、教学环境等的不同，因时因境灵活运用各种教学法，包括适当适量地运用传统教学法，如语法翻译法。下面简要介绍一下当今外语课堂比较常见的交际法，然后介绍两个适合各学科、同时又对外语教学产生较大影响的教学理念：个性化教学和研究性学习。

1. 交际法

交际法的理论基础是功能主义，认为语言是结构成分组成的系统，人们学会语言是为了"做事情"或者说是为了完成某些交际功能，比如去和人打招呼、去参加会谈等，因此外语教学要重视学生语言交际能力的培养。一般认为，交际能力（Communicative Competence）包括语言能力、语用能力、交流能力和交往能力，也就是既要学会语言，还要学会适切地使用语言，以便达到交流思想和实现交往的目的。交际法坚信，涉及交际的活动以及用语言完成有意义任务的活动可以提高学习效果，学习者有意义的活动有利于学习成效。交际教学法重视教学大纲，要求以意念、功能、交际活动为内容来编写教材，教材要讲究真实性和情景性，让学生在仿真实的情景中学习，参与交际活动，从而培养他们的交际能力。

交际法的教学原则强调发挥教师的主导作用，以"学生为中心"进行教学，在交际中复习旧知识，引入新知识。教师协调和加强所有学生之间以及这些学生与各种活动和篇章之间的交际过程，在教和学的小组活动中充当一个独立的参与者。交际法可分为"温和派"和"激进派"，前者强调"学会用英语"（learning to use English），后者强调"用英语学英语"（using English to learn it）。交际法的"技巧"或实施步骤可以包括：提供和分析即将学习的交际情景，提供真实场景对话，通过复诵等方法进行口头练习，进行针对性问答练习，重点学习对话中某个交际用语，理解某个特定的交际活动，口头练习具体的交际活动，强化记忆，最后评估学习效果。

2.个性化教学

个性化教学就是要充分考虑师生，尤其是学生的个体差异和个性特征，以学习者为主体，以个性化、差异化的教学方法和手段，促进学习者个性化建构知识、发展能力和锻造品格，帮助他们最终获得自我实现。近年来，"大学英语"课程作为高校开课时间最长、课时最多的一门重要基础课，正在如火如荼地进行各方面的改革，作为这轮改革向纵深推进的指南，《课程要求》体现了教育人本论的精神，大力主张在大学英语课程中进行个性化教学。《课程要求》规定，"无论是主要基于计算机的课程，还是主要基于课堂教学的课程，其设置都要充分体现个性化，考虑不同起点的学生，既要照顾起点较低的学生，又要为基础较好的学生创造发展的空间；要有利于学生个性化的学习，以满足他们各自不同专业的发展需要"。

关于教学模式，《课程要求》规定，"新的教学模式应以现代信息技术、特别是网络技术为支撑，使英语的教与学可以在一定程度上不受时间和地点的限制，朝着个性化和自主学习的方向发展。"。"教学模式改革的目的之一是促进学生个性化学习方法的形成和学生自主学习能力的发展"。由此可见，体现教育人本论思想的个性化教学已经成为大学英语教学改革的时代诉求。

个性化教学是民主、和谐的教学。民主、和谐是个性化教学的重要特征，也是生态课堂的追求。大学英语个性化教学在本质上是为英语学习者提供适合其自身特点的教学，让其充分、和谐、自由地发展，因此也具有民主、和谐的色彩。首先，要通过座谈、访谈和问卷调查等方式，积极主动地了解学生的合理需求，并予以尊重，在教学中尽量给予满足；其次，要相信学生的主观能动性和创造性，增加教学过程中的协商，减少教学活动中的权威式命令，创造机会让学生民主参与到一些教学决策和活动设计中，增强学生的主体意识和民主意识，创造和谐的学习氛围；再次，要减少模具化培养，允许甚至引导学生个性化地、民主自由地发展，引领学生将个人发展与社会发展、个人实现与社会实现相统一；最后，师生之间应该增加交流和沟通，并在相互理解的基础上建立民主、和谐的师生关系，互尊互爱。

个性化教学需要尊重学习者的个体差异。二语习得研究认为，外语学习者在学习潜能、学习动机、个性和认知风格等方面普遍存在差异。大学英语个性化教学必须充分考虑这些个体差异，并尽量在教学内容、教学方法等方面满足学习者的个性需求，才能培养出真正能适应社会变革需要的、具有独立性和创造性的知情合一而又个性张扬的"完整的人"。

一方面，要发挥学习者的学习潜能。二语习得研究认为，人具有天生的语言学习能力，即语言潜能。语言潜能被认为是各种能力的综合，如辨认新语言语音模式的能力、识别句中单词的不同语法功能的能力、死记硬背能力和语言规则推断能力。大学英语个性化教学，必须考虑到学习者客观存在超常、中常和低常的潜能差异以及由此带来的水平高、中、低的差异，并采取相应的个性化教学措施。另一方面，要激发学习者的学习动机。动机是指影响一个人做某件事的愿望的诸因素，它是以内驱力和诱因为必要条件存在的。动机的分类较多，在外语学习过程中，根据不同的标准，学习动机可以分为外部学习动机和内部学习动机，近景性学习动机和远景性学习动机，主导性学习动机和辅助性学习动机等，这些动机在一定条件下可以相互转换。埃利斯将外语学习动机细分为工具型动机（Instrumental Motivation）、综合型动机（Integrative Motivation）、结果型动机（Resultative Motivation）和内在型动机（Intrinsic Motivation）。

工具型动机是指学习外语的努力源于一些功利性原因，如想通过考试，想得到一份好工作等；综合型动机是指学习外语的努力源于对目的语民族及其文化的兴趣和向往；结果型动机是指学习外语的努力源于先前努力所取得的成功；内在型动机是指学习者固有的兴趣和好奇心等。大学生学习外语的动机各有不同，例如，有人为了通过眼前的考试，属于工具型动机、近景型动机；有人为了出国定居，属于综合型动机、远景型动机；有人天生喜欢学习语言，属于内在型动机；有的因为从学习外语中取得了成功，得到了自信，获得了夸奖，这种属于结果型动机；等等。大学英语个性化教学需要通过课堂观察、座谈和问卷调查等方式，了解学生学习外语的不同动机以及动机的强弱，引导学生学习动机的合理转换和迁移，并适当调整教学内容和教学方法，增强学生的学习动机，改善学生的学习行为，使学生更加轻松地获取好的学习效果。

此外，要尊重学习者的个性。个性是指在一定的社会条件和教育影响下形成的一个人的比较固定的特性。它是一个人的总的心理面貌，包括个性心理特征和个性倾向性两个方面。不同的人在活动中做什么、怎样做，都表现出各自不同的心理特征，这些特征受个性倾向性所制约。

外语学习者之间的个性差异显而易见。在外语课堂上，有些同学胆小羞怯，而另一些同学却大胆活泼；有些同学谨小慎微，一贯保持缄默，而另一些却大大方方，始终敢想敢说；有些同学沉着稳健，而另一些却冲动冒险；有些同学喜欢"闭门造车"，自我学习，而另一些却广结"学缘"，积极主动。按照个体心理活动倾向于外部或者倾向于内部，人的性格分为外向型（外倾型）和内向型（内倾型）。外向型的人，心理活动倾向于外部，通常表现为感情流露于外，对外部事物非常关心，活泼开朗，善交际，不拘小节；内向型的人，心理活动倾向于内部，通常表现为做事谨慎，深思熟虑，沉静，孤僻，反应缓慢，适应环境的能力差。根据这些特征，我们可以粗略地将性格各异的学习者分为外向型学习者和内向型学习者。从教育人本论的视角看，大学英语个性化教学就应充分尊重学生的不同个性，并针对个性各异的学生开设不同的选修课。比如，内向型学习者可能更希望优先发展其读写能力，我们可以开设更多的阅读和写作课程供他们选修，而外向型学习者可能更倾向于优先发展听说能力，我们可以开设更多的听说课程供他们选修。个性化教学必须提供个性化的课程菜单，满足学生个性化的口味需求。还要适应学习者的认知风格。认知风格是指人们对信息和经验进行加工时所表现出来的个别差异，是个人在感知、记忆和思维过程中经常采取的态度和方式。研究者们依据不同标准将学习者分成了不同类型的认知风格，如场依存型风格（field-dependent learner）和场独立型风格（field-independent learner）；思考型风格（reflective learner）和冲动型风格（impulsive learner）；听觉型风格（auditory learner）、视觉型风格（visual learner）和触觉型风格（tactile learner）等。大学英语个性化教学，应该考虑和关注学习者的认知风格差异，适当减少统一化、标准化的课堂面授，积极开发网络课程，丰富网络学习资源，使具有不同认知风格的学生可以按照自己的学习方式和学习风格建构自己的知识体系和能力倾向。

3. 研究性学习

研究性学习秉承的是整体主义的价值观，知识被看作个体创造的关于世界的意义，学习者被看作实践性的自由的存在，学习是学习者与世界际遇时意义自由展现的历程。研究性学习强调学生在学习过程中自我探索、自我发现和研究的作用，强调学生的独立性、自主性、学习积极性及个人经验和体验的作用等。研究性学习的目的是使学生在发现问题、研究问题和解决问题的过程中学会学习和创造。当前世界范围内较为流行的研究性学习模式包括：开放课堂学习模式，框架下的发现学习模式，以兴趣为导向的探究性学习模式、以问题解决为导向的学习模式，项目研究模式，角色扮演模式，小组合作学习模式，习明纳研讨模式和服务学习模式。

大学英语教学应该在网络多媒体环境下积极开展研究性学习。基于信息技术的大学英语研究性学习就是指在网络多媒体环境里开展有关大学英语课程的研究性学习，具体地说，就是利用互联网和多媒体技术，为学生构建一个新型的、动态开放的、交互性的大学英语学习环境，让学生在教师的指导下，从学习生活和社会生活中选择并确定任务或课题，用类似科学研究的方式，主动地获取知识、应用知识、解决问题。鉴于现代信息技术的优势以及外语教学的特点，大学英语研究性学习主要包括开放课堂学习模式、兴趣驱动的研究性学习模式、问题驱动的研究性学习模式和角色扮演模式等。基于信息技术的大学英语研究性学习从实施的先后顺序一般可以分为以下四个阶段：

（1）初始阶段，即选题阶段，也就是提出问题或选择任务阶段。学生按照老师的要求学习一定量的大学英语网络课程，然后根据所学的内容和自己的思考提出问题，或在老师的指导下确定研究目标和任务。在这个阶段，学生应发挥在研究性学习过程中的自主性，根据自己所学的课程内容积极主动地思考，提出自己感兴趣的有意义的问题；如果需要老师指导，那么老师也要根据学生所学的网络课程的内容，设计出多个相关的研究课题供学生选择，以保障学生探究问题的积极性。

（2）准备阶段。当学生确定了研究方向或研究项目之后，师生都进入积极的准备阶段。在这个阶段，教师应该通过网络平台的交互功能，积极地引导并为学生设立各种问题情境，促进学生对自己确定的研究课题的感性认识，调动学生的思维，诱发学生的探究动机。学生在老师的启发下，开始以独立的或协作的方式收集互联网上的相关资料。

（3）实施阶段。学生采用自主学习的方式或小组协作的方式，整理和分析收集到的有关研究项目的所有资料，通过研究性学习来解决问题，完成任务或项目，然后归纳、总结出书面报告或撰写论文，形成研究性学习成果。

（4）交流和评估阶段。学生将自己通过研究性学习所形成的成果通过网络上传到成果展示平台，接受老师和同学甚至陌生人的评价。在这个阶段，要鼓励学生自评和互评。教师在评估的时候，应参考学生研究性学习档案，关注学生的参与度和合作精神，考虑学生的个体差异和能力发展趋势，以肯定为主，保护学生的研究热情，并适当地指出不足之处，以促进学生的自我纠正。

在建设创新型国家的新形势下，倡导研究性学习、培养创新型人才已成为高等教育教学改革的重要历史使命。大学英语课程也应充分利用现代教育技术，尤其是网络和多媒体技术，广泛开展基于网络多媒体的研究性学习的探索和实践。

第八节　反思并调适教师和学生的课堂角色

"角色"（role）一词原指古希腊戏剧演员在舞台上按照剧本扮演的某一特定人物，现代意义上的角色多指具有某个社会身份的个体所具有的地位、产出的行为和发挥的作用的总概括，接近于生态学上的生态位概念。师生课堂角色是指师生在课堂教学中所具有的权利、义务、地位及其行为模式、行为规范的总称，调整师生课堂角色在一定意义上就是找准师生的课堂生态位。研究课堂教学中的师生角色，目的是用来分析教师和学生的地位、权利、义务、行为以及作用，以便更好地发挥不同角色的功能。

在传统的课堂中，教师以传授知识为自己的首要任务，以讲授为主要教学方式，教师是课堂的中心，是绝对的权威，扮演着"全知者"的角色，是学生的领导者和知识的灌输者，学生处于绝对服从和被动接受的地位，是被领导者和接受知识的"容器"。随着信息技术的发展和课堂教学方式的变革，教师与信息化教学资源发生了一定的课堂生态位重叠，甚至在信息技术的作用下发生了一定的生态位分离；学生的学习方式也发生了很大变化，网络自主学习成为教学的重要组成部分；课堂上也更加注重师生交互、生生交互以及学生与知识的交互，这些情况都需要我们对教师和学生的课堂角色进行理性反思。

第一，教学资源的整合者。生态课堂重视课堂生态因子间的网状交互，认为学生的学习资源来自于交互的过程。可见，信息化外语课堂的教学资源既包括传统的纸质教材、信息化网络学习资源、多媒体课件等，还包括教师本人的学识和学生的世界知识。鉴于教师在课堂教学中的主导作用，教师应该成为各种教学资源的整合者，只有有机整合的资源才对学生具有意义，才便于学生建构自己的知识。在教学过程中，并非资源越多越好，关键是要合理整合，杂乱无章的海量资源对学生来说"有"无异于"无"。

第二，课堂教学的设计者。教学设计是以学习者的学习目标为出发点，依据一定的教育原理或理念，确定学习者的需求和教学中需要解决的问题，思考具体的教学内容、教学过程、教学组织形式和教学方法，解决学生学习过程中的问题，满足学生的具体学习需求。大学英语教师在进行课堂教学实践之前，就应该确定本课的教学理念、教学目标、教学内容、教学方式、教学手段、教学评价等，尤其是思考如何有效使用多媒体课件、如何充分利用网络教学资源、如何检查学生的网络自主学习情况等，只有这样，才能提高课堂教学的有效性。

第三，知识建构的促进者。建构主义认为，知识不是通过教师传授得到的，而是学习者在一定的社会文化情境中，借助他人（教师或学习伙伴）的帮助，利用必要的学习资源，通过课堂交互的过程，进行意义建构的方式获得的。在这个意义上，教师理应成为学生知识建构的促进者。教师要创造机会，设计活动，让学生利用现代信息技术的便利，通过学习过程中的活动参与亲身体验，发现学习的价值并获取知识，要为学生创建有利于其潜能发挥的学习氛围，以促进他们的语言习得和个性养成。

第四，学习策略的指导者。学习策略（learning strategies）是指学习者根据自己的观念为提高学习效果而采取的行动或方法，包括元认知策略、记忆策略、认知策略、补偿策略、情感策略、社交策略等。积极的学习策略对外语学习能产生正向影响，这也正是《大学英语课堂教学要求》明确规定学习策略为大学英语主要教学内容之一的原因。外语教师作为曾经比较优秀的外语学习者，现在又是外语习得的研究者，一般都掌握了比较好的学习策略，应该成为学生学习策略的指导者。当前，大学英语正在进行信息化教学改革，广大外语教师应该投入更多的精力研究计算机网络环境下的外语学习策略，指导学生多采用积极的学习策略，适量采用消极的回避策略。

第五，课堂活动的组织者。生态视界的课堂强调教师和学生、学生与学生、学生与学习资源、学生与学习环境之间的交互，这些交互通常是通过课堂活动来实现的。有效的课堂活动能给课堂生态注入活力，使学生亲身参与发现、理解和建构知识的过程，同时还能活跃课堂气氛，提高学生的学习积极性，增进师生情谊。只有组织有序的课堂活动才能成为有效的课堂活动，这就需要教师发挥组织者的作用，利用网络、多媒体课件的优势，酌情采取师生问答、角色扮演、小组讨论、辩论、演讲等方式，设计和组织任务型、交际型课堂活动，促进学生的体验学习。

第六，积极情感的激发者。情感是人在活动中对人和客观事物好恶倾向的内在心理反映。情感因素是第二语言习得过程中的重要影响因素，包括性格、态度、动机、焦虑等。情感过滤假说（Affective Filter Hypothesis）认为，情感变量与第二语言的习得和成绩的好坏有紧密联系：只要有良好的自我想象，第二语言就会习得更好，而最好的语言习得情境又会有助于降低焦虑水平。相反，情感障碍却会妨碍语言习得者充分利用可理解输入，当情感障碍比较大的时候，学习者虽然也可能理解语言输入，但输入进入不了语言习得机制。因此，教师应该成为学生积极情感的激发者，利用图文并茂的多媒体课件、丰富的网络资源、有效的课堂活动、平等和谐的师生关系等，降低学生的学习焦虑，消除学生的学习倦怠，增强学生的学习动机，改善学生的学习态度，提高他们的学习效果。

第七，课堂关系的协调者。课堂关系主要包括师生关系、生生关系、学生与学习环境的关系、学生与学习资源的关系、学生与学习媒介的关系等。在调节这些关系的过程中，教师应该承担重要的作用。教师除了应该在构建师生关系中起主导作用（后文将详述），还应在和谐其他交互关系中扮演协调者的角色。生态学上的竞争排斥原理认为，在一个稳定的环境内，两个以上受资源限制的、但具有相同资源利用方式的物种，不能长期共存在一起。该原理说明，学生之间有时会因为争取同一学习资源而产生紧张的关系，这就需要老师从中协调。在大学英语信息化教学改革的过程中，如果学生因为信息技术素养不高而出现对信息技术的消极情绪，也需要老师积极疏导。

第八，学习过程的监管者。为了使课堂教学顺利进行并收到预期效果，教师还应成为学生学习过程的监管者。作为教师，应该相信学生，尤其是大学生的自觉性，但在现实课堂中，总会因为这样那样的原因，学生会有一些消极的学习行为，会产生一些消极的情绪，比如参与课堂活动的积极性不够、作业完成情况不理想、听课不认真等情况，这些都需要老师的监管。在现代信息技术进入课堂初期，有些学生的学习自主性不够，在利用网络多媒体学习时出现懈怠，或者利用网络消遣娱乐，这些都需要老师的监督管理和正确引导。

第九，学习任务的合作者。老师在组织、管理和指导学生学习的同时，还应将自己置于与学生平等的地位，与他们一起合作完成一些课堂教学任务，成为学生练习口语的对话者、小组讨论的思想贡献者、解决问题的出谋划策者。教师成为学生学习的共同实践者就能拉近师生的距离，改善课堂学习氛围，缓解学生的焦虑，同时，教师还能学会从学生的角度去发现、理解和解释他们学习中所遇到的困惑。

第十，教学效果的评估者。虽然生态课堂重视多元评价方式，但是老师仍然是课堂教学效果的主要观察者和评估者。教师应该通过准确适当的评估，获取第一手的反馈信息，评估课堂教学效果，诊断教与学的不足，调整不恰当的教学措施。教师应该对学生参与课堂交互的行为给予适当的评价，以表扬和鼓励为主，维护他们课堂参与的热情。对教学效果的评估还要充分考虑学习者的个体差异和历史基础，既要横向比较，更要纵向地、历时地评价学生的进步情况。

除了上述角色之外，教师在课堂中还有其他的一些角色，比如道德的垂范者、教学方法的灵活使用者、学生个体差异的发现者、学生潜能的开发者、自身主动学习者等。需要指出的是，教师的各种角色虽然不是同时履行的，但确实存在时空交叉，有可能需要同时扮演其中多个角色，也有可能某个特定时候以某一个角色为主，这就需要老师以帮助学生持续健康发展为主要目标，根据教学实际需要和具体的课堂情况，不断地酌情调整和转换自身的角色。

生态学视角的学生课堂角色包括学习方案的制定者、自主学习者、知识的主动建构者、师生关系的主要建构者、课堂活动的主要参与者、学习过程的自我监控者、学习效果的自我评估者、对教师及其教学的评价者等。由于这些角色和上述的教师课堂角色相呼应，理解起来比较容易，因此不再作详细解释。

第九节　构建并发展交互与和谐的师生关系

教师与学生的关系是课堂教学过程中最基本、最重要的关系。良好的师生关系是形成生态性课堂氛围、激发学生学习热情的直接动力，是师生共同满足教学需求、协同教学活动、实现教学目标的前提和保证；相反，对立的师生关系会严重影响教与学的积极性，增加学生学习中的焦虑，阻碍学生对语言材料的吸收和内化。因此，在外语教学过程中，教师与学生应在民主、平等、和谐的基础上建立相互尊重、相互理解、相互沟通、相互交流的交往对话关系。教师在教与学的师生互动中起着主导作用，是构建平等和谐师生关系的中坚力量。要形成良好的师生关系，教师应注意以下几个方面：

第一，树立正确的学生观。教师应认识到学生是"向师性"和"独立性"的对立统一体。学生一方面希望受到老师的教育，得到老师的关注，这决定其具有向师性；另一方面，学生又有一定的独立学习和活动能力，有一定程度的独立倾向和要求，这决定其具有独立性。大学生尤其如此，他们大都已经学习英语多年，具有了一定的语言基础，掌握了一定的学习方法，养成了自己的学习习惯，具有一定的自学能力；同时，他们又对大学英语教师具有较高的角色期待，希望在老师的指导下获得愉快的英语学习体验，大幅度提升英语水平。教师只有正确认识学生的"向师性"和"独立性"，才会对学生采取正确的教育方式和态度，并产生相应的情感，才有助于建立良好的师生关系。

第二，运用正确的教育方式。教师采用的教育方式不同，对学生产生的心理影响也会不同。研究表明，在专制仁慈、专制强硬、放任和民主这四种类型的教育方式中，民主的教育方式产生的课堂教学效果最好。传统的外语课堂是专制的课堂，是教师的"一言堂"，尽管有些是温柔的一言堂，有些是强硬的一言堂，最终的结果都剥夺了学生的话语权和选择权，不利于建立良好的课堂交往和培养良好的师生关系。在外语教学信息化的过程中，有些课堂又走向了另一个极端，即过分依赖计算机网络的教学效果，过分相信学生的学习自主性，走向了放任的边缘，最终产生不好的教学效果，影响了学生对老师的信任和尊重。生态课堂教学观提倡在民主平等的基础上开展课堂活动，发展互动对话的课堂交往，建立和谐的师生关系。

第三，采取正确的评价方式。教师如何具体地评价学生的言行，对师生关系影响极大。大学生的自尊心很强，有自信，爱面子，教师应多运用移情性评价，即教师以同情的态度，设身处地地结合学生所处的客观环境，以及内心的想法和感受来评价，这样会使学生觉得老师理解和尊重他们，而且态度恳切，气氛平等，没有居高临下的感觉，这无疑会密切师生之间的关系。与此相反，教师的主观性评价，即以自己的主观认识和已有的框框去评价学生，以自己的水平去要求学生，就容易出现偏差，产生负面效果，拉大师生之间的心理距离。

第四，取得移情体验。移情体验是个体通过移情对移情对象产生新的认识和情感。教师的移情体验有：熟悉感，即了解学生，心中有学生的形象在活动；和睦感，即感到学生听从自己，自己受学生爱戴；理解感，即理解学生的言行和内心体验，觉得与学生心心相印；信赖感，深信自己信赖学生，学生也信赖自己；睿智感，认识到当教师的价值及对学生负有的使命。学生的移情体验有：接近感，对老师敬慕和亲近，以至愿意与之接近；安定感，即感受到老师的肯定，对老师感到放心；共鸣感，在潜移默化中品味老师的言行并深受感动；信赖感，完全相信老师并感激老师；觉悟感，即认识到当学生的意义和责任。教师和学生彼此的移情体验，会使对方感情水乳交融，必然会对师生关系产生良好的、积极的影响。

第五，正确处理学生的问题行为。在课堂教学过程中，总会有学生注意力不集中，有学生不愿意参与课堂活动，有学生预习复习不到位，有学生学习自主性不够，有学生存在作业作弊行为，等等。处理这些问题行为的方式是否得当会影响到师生关系。如果处置不当，就会伤害已有的良好师生关系，或使建立良好师生关系的气氛消失，甚至使师生关系紧张。为此，在处理学生的问题行为时，教师应对事不对人，尊重学生的人格，维护学生的自尊；要客观分析，避免武断行为；要克服冲动，避免投射个人情绪；要多做说服工作，少用惩罚举措。

第六，拉近距离，增强交往。首先是身份距离。教师应该通过调整传统角色定位，积极改变传统课堂中师生地位上的巨大落差，以平等的姿态学会与学生交往对话。其次是情感距离。教师应该尊重学生，热爱学生，理解学生，关心学生，做学生的知心朋友。再次是空间距离。在课堂内外，教师都应真正地走近学生，接触学生，空间距离的缩短有助于拉近师生的身份距离和情感距离。在网络虚拟课堂中，教师应该利用网络教学平台上的交流机制，及时了解学生的学习情况，及时回答他们在线提出的问题，让他们感觉老师仍然在他们身边。只有拉近了师生之间的空间距离、身份距离和情感距离，师生之间的心理距离才会变近，师生才愿意交往对话，才能增进了解，才可以有效地沟通。平等和谐的师生关系需要师生共同创造，教师的主导作用还需要学生的积极配合，否则，一个巴掌拍不响，一厢情愿难成事。学生要在尊重、理解、信任的前提下积极配合老师的各项工作，和老师形成良性互动。此外，学生还应发挥主动建构的作用，树立正确的教师观，采取正确的教师评价，获得移情体验，拉近与老师的物理距离和心理距离。平等和谐的师生关系是构建生态课堂的重要因子。

第十节 建立完善多主体多向路的评价体系

教学评价是教学过程的重要一环，也是教学质量控制的重要手段，能帮助师生获取有关教与学的反馈信息，指导师生适时适当地调控教与学的行为和策略，并能激发师生教与学的积极性。《课程要求》指出，全面、客观、科学、准确的评估体系对实现教学目标至关重要，因此，大学英语教学评估既应包括对学生的评估，还应包括对教师的评估。对学生学习的评估应包括形成性评估和终结性评估，其中形成性评估又包括学生自我评估、学生相互间的评估、教师对学生的评估、教务部门对学生的评估等，终结性评估主要包括期末课程考试和水平考试。对教师的评估主要是针对教学过程和教学效果进行评估，既要依据学生的考试成绩，又要全面考核教师的教学态度、教学手段、教学方法、教学内容、教学组织和教学效果等。根据这些要求，本研究认为，构建大学英语多元多向评价体系至关重要。

主体间性哲学为构建多元多向评价体系提供了哲学基础。主体间性是当代哲学用对话理性、交往理性取代主体中心理性、消解一元主体的基础性论题。哲学视域中的主体间性是指两个或两个以上主体之间的关系，这种关系不同于主体性哲学中的"我与他"式的二元对立主客关系，而是一种由独白变为对话、由从属变为平等的"我与你"的共存与交往的主主关系。主体间性消解了二元对立的话语模式，提倡主体间的理解与对话，强调主体之间在语言和行为上相互平等、相互理解和融合、双向互动、主动对话。哲学上的主体间性转向为教育领域如何看待教师主体性、学生主体性和师生关系等议题开辟了新视域。主体间性教育指的是在教育过程中，教师主体与学生主体面对共同的客体（如教学资源等），建立在民主、平等、和谐基础上的相互尊重、相互理解、相互沟通、相互交流的交往对话关系，这种关系包括教师个体与学生个体之间、教师个体与学生群体之间、教师群体与学生个体之间、教师群体与学生群体之间交往对话的关系。广义的主体间性更为宽泛，包括教师与教师之间、学生与学生之间、教师与管理者之间、学生与管理者之间、教师与教学资源之间、学生与教学资源之间平等对话、和谐交往的关系。教育主体间性的这些观点与生态课堂教学观高度一致。

大学英语教学信息化改革已推进多年，然而现行的主流教育评价体系仍然存在很多不足之处。

（1）评价主体仍然是一元主体。大多数教育评价还停留在以教师为中心的"主体—客体"评价模式，教育评价成了管理者的"专利"活动和教师的"操纵"活动，评价的路径也是一种自上而下的"单向"活动，学生成了被动的受评者，缺少应有的话语权。

（2）评价的对象和内容比较单一。长期以来，教育评价的对象主要是以学生为主，缺少对教师、教育管理者、教材、教学条件和环境等的评价，评价的内容主要是教师教授过的知识，缺少对教师的教法、学生的学法、学生的潜能、学生的情感态度等所进行的评价。

（3）评价目的和功能单一。大多数教育评价的目的只是了解学生的学习效果，评价的功能只是为教师提供学生学业成就的量化数据，教育评价的丰富功能没有得到充分地发掘，如通过学生对教师、学生对管理者、学生对教材等教学要素的评价，获取有价值的反馈信息，为教材的选择、教师教学方法和手段的改善等提供参考。

（4）教育评价的形式、方式和手段也比较单一。长期以来，我们的教育评价手段还停留在考试和测验上，评价的形式主要是终结性评估，缺乏对学习者的学习过程进行评价；评价的方式主要是传统的考试和测验，很少采用考试之外的方式，如座谈、问卷调查等；评价的手段主要是纸质的试卷等，缺乏多样化的评价手段，现代教育技术还没有得到充分地利用。

随着教育主体间性的确立，构建基于主体间性的多元评价体系已迫在眉睫。

（1）多元多向评价体系的构建，在于评价主体的多元化。教育主体间性承认教育活动中的教师、学生双主体，而就评价的主体间性而言，还可以是多元主体，例如教的主体——教师，学的主体——学生，教育管理的主体——管理者，他们作为交互主体可以互相评价，如教师可以对学生或学生群体进行评价，也可以对管理者进行评价，学生可以对教师或教师群体进行评价，也可以对管理者进行评价，管理者可以对教师或学生进行评价。

另外，由于完整的主体间性除了外在的主体间性，还有内在的主体间性，因此，这些主体除了互评之外，还可以在类主体间进行评价，也就是说，教师与教师之间、学生与学生之间、管理者与管理者之间还可以进行评价。这些主体间的评价不是单向的，而是双向的，不是操纵的，而是协商的，不是孤立的，而是合作的。他们通过互相尊重、互相理解、相互合作、平等对话进行对彼此的评价，保证了评价信息的可靠性，最终有助于促进交往主体在共同的学习交往中共存与发展。

笔者曾调查过大学英语口语课学生自评的现况，并对口语班学生自评能力的培养路径及自评的有效性进行了为期 16 周的实证研究，自评培训和实践教学验证了如下假设：学生自评的信度需要教师培训和指导加以保证；学生自评能通过对动机、态度、自主反思等产生影响而提高学习自主性；学生自评能有效地促进学生英语口语学习的效率。

（2）多元多向评价体系的构建，在于评价对象的多元化和评价内容的多元化。教学评价是以教学目标为依据，运用可操作的科学手段，通过系统地收集有关教学的信息，对教学活动的过程和结果做出价值上的判断，并为被评价者的自我完善和有关部门的科学决策提供依据的过程。因此，只要有助于教学的优化，评价对象可以涉及教学的方方面面。首先，如前文所述，评价对象可以是教学过程的多元主体，如教师、学生和管理者，因为这些主体可以在自我主体间和交互主体间两个层面开展互评。当然，评价对象还可以是教学类主体所共同面对的客体，如教材、教学环境、教学软件等。针对不同的评价对象，评价内容也可以多元化。比如，传统的针对学生主体的考试测验一般都是测量其学习效果。其实，针对学生主体的评价内容还可以拓展到其情感、态度、智力、潜能、个性、学习风格、知识水平等方面。实践证明，及时了解、评价和引导学生的学习态度和情感、个性特征和认知风格能大大优化学生的学习过程和结果。评价对象多元化和评价内容多元化必将广泛拓展教育评价的功能，增加对教学各方面、各要素的有效反馈。

（3）多元多向评价体系的构建，在于评价目的的多元化和评价功能的多元化。为何而评？能为何而评？评了有什么意义？有什么作用？这些都应该是评价者经常反思的问题。其实，评价的目的很多，简单地说，评价可能是为了测量，为了判断，为了获取信息反馈，为了引导教与学，为了促进教育主体的发展，等等。具体地说，评价不能仅仅停留于对学生主体阶段性学习效果的评判，评价的目的还可以是判断学生的知识水平，了解学生的学习潜能，评判某个教师的教学方法，检验某种教学手段的有效性，研讨某个教学改革举措的合理性，分析所选用的教材的适切性，评价教学环境的优劣性，进一步改进学习软件系统等。多元化的评价目的必须依赖于各种不同的评价形式来实现不同的评价功能，如学生成绩排序、保研生选拔、教材的筛选、教与学的信息反馈、教与学的有效性诊断、教与学的方法修正等。

（4）多元多向评价体系的构建，在于评价形式的多元化。我们必须针对不同的评价目的选择合适的评价形式。如果是纸笔测试，那么主要有潜能测试、智力测试、水平测试、分级测试、诊断测试、学业测试等。如果是为了了解学生的现有水平，就应该选择水平测试，如果是判断学生潜在的学习能力，就应该选择潜能测试，如果是为了了解学生的学习成效，就应该选择学业测试，如果是为了寻求对教与学的修正，就应该采用诊断性测试，如果想将学生按水平分流，就应该选择分级测试。其他评价形式还包括定量评价和定性评价、形成性评价和终结性评价。定量评价主要基于数据，适用于便于采集具体数据的评估过程；定性评价主要基于逻辑分析，适用于难以量化的评估过程；形成性评价又称过程性评价，是在教学过程中进行的评价，是为了引导教学过程正确、完善地前进而对学生学习的短期结果和教师教学效果所采取的评价，目的是反馈、修正和监督。终结性评价又称结果性评价，是在某一相对完整的教学阶段结束后对整个教学目标实现的程度做出结论的评价。

值得一提的是，在教学过程中，为了达到一定的评价目的，我们常常会同时采取两种或两种以上的评价形式，比如在计算学生的期末考试成绩时，通常都会采取形成性评价和终结性评价相结合的方式。

（5）多元多向评价体系的构建，在于评价方式和手段的多元化。传统的纸质考试不应该成为评价方式的唯一选择，我们还可以根据评价的目的、评价的形式选择其他方式，比如面试的方式、师生座谈的方式、问卷调查的方式、课堂观察的方式、学习档案评估的方式、自主评价的方式、同伴/行互评的方式、专家评价的方式等进行评价。评价的手段可以是传统的、纸质的，当然也可以是现代的、电子的、网络的。将现代教育技术运用于网络评价系统的开发是非常合适的，也必将是未来教育评估发展的方向。当前，一些学校已经启用了学生网络评教系统，由学生于学期末在网络评价系统里对任课老师进行评估，虽然也有一些负面影响，但总体好处居多，能对教学起到重要的参考作用。此外，由于现代信息技术广泛应用于大学英语教学，很多学校都开始利用网络教学平台的在线记录功能开展对学生的形成性评价，对优化学生学习过程起到了积极作用。

总而言之，要构建基于主体间性的多元多向评价体系，就必须坚持评价主体的多元性、评价对象和内容的多元性、评价目的和功能的多元性、评价形式的多元性、评价方式和手段的多元性。在评价过程中，一定要坚持以多元主体的共存与发展为评价的终极目标，坚持以主体间相互沟通、相互了解、平等对话为评价的质量保障，坚持以评价目的为导引，选取适切的评价形式、评价方式、评价手段和评价内容，彰显多元多向评价体系的生态功能。

大学英语课堂生态因受到现代信息技术的扰动而进入失衡状态，系统出现了各种结构上的失衡和功能上的失调，影响了课堂的生产力。如何重构大学英语课堂生态、构建大学英语生态课堂？这正是本章旨在回答的问题。鉴于信息技术应用于外语教学的巨大优势以及信息技术使用的不可逆性，本研究认为，大学英语课堂生态的重构必须坚持以信息化为语境，科学合理地整合信息技术与外语教学，这是重构大学英语课堂生态的前提条件。在宏观层面，重构大学英语课堂生态必须坚持生态性、系统性、人本性和有效性原则；在中观层面，应该通过发挥信息技术作为主导因子的引领作用、控制课堂生态中的限制因子、调整课堂生态因子的生态位、引导系统各组分同步协变、规避课堂环境构建中的花盆效应、重塑互动对话的生态课堂交往、恢复信息化课堂的生态功能、保持课堂生态的活水效应等方法，优化课堂生态结构和功能，促进课堂生态的修复。在实践层面，外语教学工作者尤其要注重创新大学英语教学观念，建立分级分类培养体系和分层分类课程体系，构建多维互动课堂环境，提高师生信息技术素养，提供立体化教学资源，采用因境而变的教学方法，调整师生课堂角色，发展平等和谐的师生关系，构建多元多向评价体系，最终创建和谐高效、师生共生的生态课堂。

第七章　结论

本研究从生态学视角，运用生态学和系统科学的相关理论，按照发现问题、描述问题、分析问题和解决问题的基本思路，对信息化语境下的大学英语课堂生态进行了系统分析和深度探究，最终提出了消解大学英语课堂生态失衡问题的方略和举措。本章将简要回顾本研究所提出的主要观点，反思研究中存在的问题和不足，并展望今后关于此论题进一步研究的方向。

第一节　本书的主要观点

基于信息化的大学英语教学改革实施了多年，取得了令人瞩目的成就。从教学空间来看，传统课堂开始向网络虚拟课堂延伸拓展；从教学媒介来看，传统纸质教材开始向立体化教学资源转型升级；从教学方式来看，以教师为中心的课堂教学开始向以学生为中心的课堂教学转变；从教学形式来看，网络自主学习开始成为课堂讲授的有效补充；从教学评估来看，教师对学生单向的终结性评价开始向多元多向评价过渡；从教学内容上看，学生听说能力的培养得到了更大程度的关注；从教学效果上看，学生只懂"聋哑英语"的现象得到了较大程度的改观；从教学反馈来看，社会对外语教学"费时低效"、学生"高分低能"的指责有所缓解。然而，大学英语教学改革并未取得圆满成功，而是进入一个发展缓慢的高原期，其重要原因之一是现代信息技术未能和外语教学实现有机整合。随着多媒体网络等现代信息技术的强力介入，大学英语课堂教学也在一定范围和一定程度上出现了师生信息技术素养不高、教学行为与教学理念分离、对网络教学的认识过于简单化、信息化教学环境建设失衡、师生关系疏离等问题，严重影响了信息化教学改革的成效。为了更好地解决这些问题，提高大学英语教学效果，本研究采用了跨学科的研究视角，将大学英语课堂视为一个微观教育生态系统予以研究，重点回答了四个问题：大学英语课堂生态具有怎样的结构、功能和特征？大数据时代语境下的大学英语课堂生态存在哪些失衡现象？大学英语课堂生态的失衡与大数据信息技术的使用有何关联？如何在大数据语境下调适大学英语课堂生态？

第一，大学英语课堂具有生态系统的基本属性，属于微观生态系统，系统内的生态因子包含所有传统意义上的课堂教学要素，如教师、学生、教材、教学手段、教学方法、教室环境等。课堂生态系统的基本结构可以简化为"人＋课堂环境"，"人"自然是指教师和学生，他们构成课堂生态主体，"课堂环境"包括教材、教学手段、课堂布置、教学氛围、师生关系、规章制度等，共同构成课堂生态环境，课堂生态主体和课堂生态环境之间相互作用，相互影响，共同决定着课堂生态系统的运行状态。从营养结构来看，教师是生态系统里的生产者，将来自系统外部的信息（即知识）以及自我经历或创造的信息（知识）通过消化和转换，以学生能吸收的方式，通过课堂环境（包括教学媒介、班风学风等）传授给学生（消费者身份），学生（分解者身份）消化分解这些信息（知识），再通过课堂环境给老师一定的反馈，实现着生态系统中信息和智能的流动。需要注意的是，教师是课堂生态系统中主要的信息生产者，但却并非唯一的生产者，学生和现代教学媒介也可能成为知识的生产者；学生是主要的信息消费者和分解者，但在师生共生的课堂生态中，教师也可能成为消费者和分解者。因此，在课堂生态系统中，教师和学生相对于不同的交互对象，需要选择性履行生产者、消费者或分解者的角色，与课堂生态环境保持着互动。生态环境的概念很复杂，本研究尝试性地以动态的时空视角将环境分为课前生成的环境（教室的物理环境、师生背景、教学媒介等）、课中生成的环境（师生关系、生生关系、师生情感态度等）和课后生成的环境（班风学风、课堂规章制度等）。在这个意义上，教师和学生虽为生态主体，因为都有可能成为影响学习者的因素，因此也都可能在特定情况下演变为广义上的课堂环境。教师、学生、课堂环境之间产生着复杂的交互作用，同时发挥着课堂生态系统优化结构的功能、调谐关系的功能、促进演化的功能和生态育人的功能。大学英语课堂生态经过长期的运行之后会进入相对平衡的状态，但如果系统的外部环境发生较大变化，就会通过与系统的交互过程带动系统内部结构和功能的异化，系统就会出现失衡。

第二，基于信息化的大学英语教学改革实施以来，由于现代信息技术的强力介入，长期处于平稳运行状态的大学英语课堂生态受到了极大的扰动，出现了课堂生态结构上的失衡和功能上的失调。结构上的失衡主要体现在系统组分构成比重的失调、系统组分之间交互关系的失谐和系统内部营养结构的失衡。在构成比重方面，现代信息技术由最初的系统外部环境变为课堂生态的内部因子，并逐渐发展成为主导因子，而系统内部的其他因子却未能与信息技术这个主导因子同步协变，比如，有些教师没有及时转变教学观念，提高信息技术素养，一些学生没能适应新的学习环境，改变传统的学习方式，等等。这样，原本稳定的系统结构就出现了各组分构成比重的失衡。结构上构成比重的失衡又带来了生态因子之间的关系失谐，主要体现在生态主体之间的失谐、教师与信息技术的失谐、学生与信息技术的失谐、教学模式与信息技术的失谐、教材与信息技术的失谐、教室布局与信息技术的失谐、教学内容与信息技术的失谐、教学评估与信息技术的失谐、教学管理与信息技术的失谐等方面。系统内部各组分之间交互关系的失谐又加剧了系统内部营养结构的失衡，具体表现为大学英语教师缺乏足够的进修机会，不能从系统外部获取可持续发展所需的营养，作为知识消费者的学生未能从迅猛发展的现代信息技术中获取足够的营养，促使自己演变成具有较强自主学习能力和自我建构能力的知识生产者，这样，信息（即知识）的流通渠道依然比较单一，流通的信息也还存在以考试内容为指向、以输入性技能为侧重的异化现象，从而导致了系统输入与输出的失调。大学英语课堂生态结构上的失衡进一步表现在课堂生态功能上的失调，包括结构优化功能衰减、关系调谐功能减弱、演化促进功能退化和生态育人功能降低，最终导致生态系统的整体功能难以发挥。

第三，大学英语课堂生态的失衡与现代信息技术的强力介入紧密相关。在这次自上而下推动的大学英语教学改革过程中，传统的趋于平衡的大学英语课堂生态受到的巨大扰动主要来自信息技术这个生态因子的变化，即由系统外部环境变为内部因子甚至主导因子的过程。在这个过程中，原本相对平衡的课堂生态被迅速带离到远离平衡态的非线性区域，系统进入失衡状态。在此状态下，信息技术并没有能如预想的那般强劲地带动系统内部其他因子同步协变而形成合力，各生态因子的联动效应不够，未能较快地帮助系统完成阶段性演化，重新形成生产力大大增强的新的动态平衡结构——耗散结构。在系统失衡的状态下，系统内部各种交互关系出现失谐，导致系统内存在信息流通不畅的问题；生态因子之间存在生态位重叠，有些生态因子出现生态位分离现象；部分生态因子演变成为限制因子，包括教学观念滞后、信息技术的低值使用或滥用所带来的负面影响；课堂生态环境中依然存在花盆效应；课堂生态内部各种矛盾凸现。这些过程中的问题汇聚到一起，产生了整体效应，引起了各级教育主管部门的关注，外语教育界开始对大学英语教学目标、教学内容、信息技术的作用、网络自主学习的效果等进行集中反思，导致教改进入一个力度减弱、发展变慢的高原期和迷惘期，课堂生态也被带回到线性区域，但是仍然处在较大的震荡之中，处于非平衡态。如何重构课堂生态的平衡以提高课堂教学成效，就成了摆在广大外语教育工作者面前亟待解决的问题。

第四，信息技术运用于外语教学的巨大优势以及信息技术使用的不可逆性，决定了大学英语课堂生态的重构必须坚持以信息化为语境，以科学合理地整合信息技术与外语教学为基本策略，这是重构大学英语课堂生态的前提条件。本研究认为，重构大学英语课堂生态必须坚持生态性、系统性、人本性和有效性原则。坚持生态性原则主要是指以生态的视角为研究路向，以生态学研究方法为主要手段，以生态学理论为主要依据，以课堂生态化为价值取向，观察、分析和解决课堂生态失衡问题；坚持系统性原则主要是指坚持从系统的视角、运用系统论观点和方法研究课堂生态系统；坚持人本性原则就是坚持以人为本，以学生为中心，建立和谐的师生关系，实现师生共生的价值追求；坚持有效性原则就是坚持有效教学，追求好的教学成效，通过有效整合现代信息技术与外语教学，创建生态课堂。重构大学英语课堂生态的路径是，通过发挥信息技术作为主导因子的引领作用，控制课堂生态中的限制因子，调整课堂生态因子的生态位，引导系统各组分同步协变，规避课堂环境构建中的花盆效应，重塑互动对话的生态课堂交往，恢复信息化课堂的生态功能。保持课堂生态的活水效应等方法，优化课堂生态结构和功能，促进课堂生态的修复。在实践层面，外语教学工作者尤其要注意创新大学英语教学观念，建立分级分类培养体系和分层分类课程体系，构建多维互动课堂环境，提高师生信息技术素养，提供立体化教学资源，采用因境而变的教学方法，调整师生课堂角色，发展平等和谐的师生关系，构建多元评价体系，最终创建和谐高效、师生共生的生态课堂。

第二节　本书的局限和进一步研究的方向

一、本书的局限

本研究采用新的跨学科研究视角，主要运用生态学和系统科学的相关理论和方法，同时适当结合教育学和应用语言学的研究成果，全面、综合地研究现代信息技术强力介入大学英语课堂生态后所导致的系统失衡问题，然后从宏观、中观和微观层面提出了重构大学英语课堂生态的原则、路径和实践策略。本研究拓展了课堂研究的理论空间，开阔了课堂教学问题的研究思路，同时在跨学科理论运用方面进一步推进了教育生态学的发展，具有较好的理论和实践意义，同时在研究视角、研究对象、理论基础和问题解决方案等方面具有一定的创新性。然而，正所谓研前不知深浅，研后方知短长，本研究在研究方法、理论运用和研究内容上还存在不少局限，需要在以后的研究中予以注意。

在研究方法上，本研究主要采用定性研究的方法，论文以思辨性论述为主，有些观点可能具有个人经验主义倾向。虽然在问题考察和分析过程中，也运用了一些定量数据加以论证，但大多数数据来自于其他学者的研究成果，研究者通过亲身实验和实践所获取的数据相对较少，具有一定的局限性。

在理论运用方面，虽然研究者花了很多时间和精力认真研读了生态学和系统科学的相关理论，并尽力用浅显易懂的语言表达出来，但是由于研究者外语学科教育背景的局限性，本研究对这些跨学科理论的理解深度有限，理论应用也存在力不从心的情况。比如，本研究未能在深入学习和理解的基础上运用数学建模的方法为大学英语课堂生态建立一个平衡的生态模型，实为一大缺憾。而且，在具体运用生态学和系统科学理论研究大学英语课堂生态时，主要采用了类比分析的方法，有些地方可能会给人一种生搬硬套的感觉，行文上也不乏生硬之处。此外，由于受视角的局限，本研究对教育学和应用语言学相关理论的阐述没能集中析出，而是穿插在具体行文当中。

在研究内容上，虽然本研究在描述问题、分析问题和解决问题的时候，尽量使不同环节的内容呈现显性的对应关系，但在实际研究的过程中，却难以做到各章节在内容上一一显性对应，相反，有些对应关系只能是隐性的。另外，由于本研究关注的对象是全国范围内的大学英语课堂，是一个泛化的概念，并非特指某一特定学校在特定发展阶段的某个特定课型的课堂，因此研究中发现的问题和提出的观点多数是共性的，而这些共性又寓于个性之中。正因如此，有些研究内容不免显得有些宽泛。在提出重构大学英语课堂生态的原则、路径和实践策略时，虽然也有一些具体的实证性内容，但总体上看，更多内容仍处于思辨性的构想阶段，还有待未来具体的实践检验。

二、进一步研究的方向

有学者认为，"教育生态学还属于灰色系统，需要运用现代科学技术成果，从定性与定量的结合上动态地加以研究和探讨"，这一观点指出了未来教育生态研究要关注的三个重要方面：

第一，需要现代科学技术成果的支持，也就是说，教育生态研究不能只着眼于教育学理论，还要注意运用跨学科的研究成果和方法；第二，要将定性研究和定量研究相结合，使之相互补充，没有定性的定量是一种盲目的、毫无价值的定量，而没有定量的定性缺乏科学数据的检验，只能停留在主观判断和分析层面，唯有将二者结合起来灵活运用才能取得最佳效果；第三，要用动态的眼光研究教育生态系统，因为系统的平衡是相对的，而失衡是绝对的，动态发展是系统的主要状态。未来对大学英语课堂生态的研究也要突破本研究的局限，采用定性和定量相结合的研究方法，在更深层次上运用生态学和系统科学的相关理论，动态地进行跨学科研究。

目前，教育生态学还属于新兴学科，尚缺乏稳定的学科体系，甚至生态与教育还没有真正融通，这也是为什么本研究的理论基础没有直接选用教育生态学的研究成果，而是选择了生态学和系统科学两个学科的基本理论作为教育生态学现有理论的补充的原因。未来的研究可以走出将生态学原理在教学领域进行类比分析的浅层范式，通过对生态学和系统科学的更深层次的理解，将这些学科研究成果真正融会贯通于教育生态的研究，并努力提炼出教育生态学理论在具体学科应用上的基本范式。

一般认为，教育生态学的研究具有"理论——应用——实证"的发展趋向，早期多是普适性的理论研究，研究对象一般比较宏大。随着理论研究的深入，研究的视角就会转移到这些理论在一些学科的具体应用，研究对象以中观为主。随着现代科学技术的迅猛发展，教育生态学将走到运用跨学科的研究成果，通过实证研究的方法，探析一些微观教育问题的阶段。就课堂生态研究而言，未来可以将定性研究和定量研究相结合，更加深入地研究系统内某个因子的生态位、某个因子的限制作用、某两个因子之间的交互关系、课堂中的权利失衡与重构、课堂中的交互关系失衡与重构等细节问题，并将研究成果置于实践中予以检验。相信未来在这些领域和方向必将产生更加丰富的研究成果。

参考文献

[1] 包桂影、王立军、黄慧强.基于教育生态化理论的大学英语教学模式试验研究 [J].石家庄铁道学院学报（社会科学版），2010 ③：89-93.

[2] 蔡基刚.大学英语教学发展史上的两个新的突破 [J].中国外语，2004 ①：17-20.

[3] 陈坚林.大学英语网络化教学的理论内涵及其应用分析 [J].外语电化教学，2004（1 ②：46-50.

[4] 陈美华、李霄翔.大学英语教学改革的实践与前景 [J].中国大学教学，2006 ②：50-51.

[5] 陈雪芬.中国英语教育变迁研究 [M].杭州：浙江大学出版社，2011：102-103.

[6] 胡芳毅，王宏军.从"任务链"到"生态圈"：大学英语教学的生态建构 [J].外语教学，2019，②：76-79.

[7] 刘森林.生态化大学英语课堂模式设计研究 [J].外语电化教学，2008，（12 ①：33-37.

[8] 刘芹.教育生态环境下分层次递进式大学英语教学模式探索——以上海理工大学为例 [J].外语界，2013，（5）：51-58.

[9] 洪常春.人工智能时代大学英语生态教学模式构建研究 [J].外语电化教学，2018，（1 ②：29-34.

[10] 孙丰果，齐登红.外语教育技术学的理论基础：信息技术与外语课程的生态化整合——陈坚林教授访谈录 [J].山东外语教学，2012，（6）：8-11.

[11] 邹晓燕，陈坚林.基于两种需求的大学英语生态化课程构建研究 [J].外语教学，2016，（3）：51-55.

[12] Eveillard Matthieu, Lancien Evelyne.*Evaluation of a strategy of screening multiple anatomical sites for methicillin-resistant Staphylococcus aureus at admission to a teaching hospital*[J].Infection Control & Hospital Epidemiology,2006 (10) :181-184.

[13] Mei Li Wang, Long Long Li, Dong Jian He.*A Teaching Evaluation Model Based on Fuzzy Multiple Attribute Decision*[J].Applied Mechanics and Materials, 2013 (10) : 2197-2201.

[14] Ping Wei, Yu Tang.*Cooperative Learning in English Class of Chinese Junior High School*[J].Creative Education, 2015 (10) : 397-404.

[15] Yuanhua CHEN、Xiaoyu WANG.*The Selection Criteria of Advance Organizers in Junior High School English Class*[J].Higher Education of Social Science, 2016 (0④: 19-22.